心理健康自助丛书
XINLIJIANKANG ZIZHU CONGSHU

丁成标　主编

我还是觉得我有病

周婧　编著

WUHAN UNIVERSITY PRESS
武汉大学出版社

图书在版编目(CIP)数据

我还是觉得我有病/周婧编著．—武汉：武汉大学出版社,2014.5

心理健康自助丛书/丁成标主编

ISBN 978-7-307-12803-3

Ⅰ.我…　Ⅱ.周…　Ⅲ.心理健康—基本知识
Ⅳ.R395.6

中国版本图书馆 CIP 数据核字(2014)第 020474 号

责任编辑:郭　倩　　责任校对:汪欣怡　　版式设计:马　佳

出版发行:**武汉大学出版社**　(430072　武昌　珞珈山)
(电子邮件:cbs22@whu.edu.cn 网址:www.wdp.com.cn)
印刷:武汉中远印务有限公司
开本:720×1000　1/16　印张:11　字数:144 千字　插页:2
版次:2014 年 5 月第 1 版　　2014 年 5 月第 1 次印刷
ISBN 978-7-307-12803-3　　定价:24.00 元

总　序

心理健康是人人追求的目标，它与生理健康一样，是幸福生活的前提和基础，但不是每个人的心理都是健康的，这就需要我们学会自我调节或寻求帮助，以达到健康或趋于健康的心理状态。

时下，由于全球化、信息化带来的社会剧变和中西文明的冲突，造成了人们观念杂陈、思想混沌和心理困惑的社会现状，加之竞争和挑战并存的生存状态，使人们的压力越来越大。现代文明就像一把双刃剑，在带给人们享受的同时，也带来了伤害。人们的物质生活水平不断提高，安全感和幸福感却在不断下降，变得越来越敏感，越来越脆弱。晚睡强迫症、手机控、路怒症、拖延症、选择障碍、假期综合症等现象不断出现，这些耳熟能详、说法并不专业的心理“病”反映了人们对自身心理状态的关注或担忧。

其实每个人都有碰到压力的时候，只是程度不同而已，这时，抑郁、焦虑的情绪就在所难免。但它们并不可怕，仅仅是心理“感冒”，同身体感冒一样，过一段时间就会好。而如果长期心理“感冒”，那就要当心是否已经处于心理亚健康状态了。

处于心理亚健康状态的人并不在少数。有学者认为，在我国，去医院就诊的人中，至少有一半应该去看心理医生，但是，由于经济条件不允许、观念保守和从业人员不足等原因，很多人因为求助无门而承受着痛苦和煎熬，有的人甚至自杀轻生。正是为了弥补专业咨询队伍的不足，解决供求矛盾，帮助解除人们的精神痛苦和提高人们的心理健康水平，我们组织国内一批心理咨询专家，编写了这套具有本土化特色的“心理健康自助”丛书。

“心理健康自助”丛书是针对各种心理亚健康状态的读者写的，这些亚健康状态包括焦虑、抑郁、社交恐惧、强迫、疑病、睡眠障碍等。本丛书力求通俗易懂，具有很强的知识性、可读性和操作性，深入浅出，从理论到实践给人以指导，以使各类读者都能从中得到自我调适、自我疗治的知识和方法，从而提高心理保健能力和心理健康水平，提高生活和生命质量。

丛书由我国著名催眠与心理咨询专家、国家一级心理咨询师、中国心理卫生协会大学生心理咨询专业委员会常务委员、中国心理咨询突出贡献奖获得者、武汉大学丁成标教授任主编。在全套丛书的编写过程中，得到了武汉大学出版社的大力支持，尤其是夏敏玲编辑做了大量的组织策划和编辑工作，提出了很多修改意见；各书作者将多年咨询工作实践经验融入书中，投入大量时间和精力完成书稿；艾波参与了大纲的讨论并做了许多的组织联络工作，在此一并表示感谢！

编　者

目　　录

第一章

形形色色的疑病

一、“鲜活”的病痛

【案例】

近年来小林常常感到无精打采、头疼、手脚沉重。原来几年前，他的叔叔患上了卢伽雷氏症（又叫肌肉萎缩硬化症）去世，小林因此很恐慌，向几个专家咨询并做了一系列的检查，其中包括核磁共振检查，都证实小林没有患卢伽雷氏症，也没有患多发性硬化症。然而小林还是感到自己的身体出现问题了——无精打采、头疼、笨手笨脚、盗汗，这些都是真实存在的，因此他认为医生一定漏掉了些什么。

小林这种对身体异常敏感，并反复就医的行为，是一种典型的疑病现象。这种怀疑或相信自己患有某种躯体疾病的观念，常起源于对躯体改变和躯体感觉的错误解释。通常而言，疑病症患者对自己身体的变化特别敏感，身体功能任何微小变动如心跳、腹胀等都会引起患者注意，而这些变化在正常人看来其实是微不足道的，患者却特别关注，不自觉地加以夸大或曲解，成为患了严重疾病的证据。在敏感水平提高的基础上，一般轻微的感觉也容易引起明显不适或严重不安，感到难以忍受，但实际上通常检查都是无阳性特征，或有小毛病但与本人感觉不相称。

患者关注身体症状和体征时会将其归于自己所怀疑的某种疾病。强烈的疑病观念可能与患者关于严重疾病的先占观念相关，由于对某种疾病或死亡的感受非常强烈，因此很难完全相信医生无病的诊断和解释，要么认为是医生医术不行没有检查出来，要么认为医生是故意隐瞒，或者是检查时自己症状恰好减轻等，总会找到很多种理由去反驳，因此会不停地多次检查和反复就医。

【案例】

一位男士向医生叙述道：“我感到我患上了某种粘膜炎症，这种病症扰乱了我的整个神经系统……我怕冷，怕潮湿。如果睡在一个潮湿的房间里，我会浑身冒汗，心跳剧烈。我的整个循环系统都乱套了，我的肢体冰凉，腹部膨胀得像要炸开一样。有时我便秘，有时一天拉两次大便……我整个神经系统都被扰乱了。我感到极度的疲倦，似乎可以没日没夜地睡下去。我的右鼻孔总是犯粘膜炎症……我的肠子又发炎了。20 年前我得过一次重病，我的肠子一定是从那次大病后留下了后遗症。我感到我的血像是沸腾了。我搅动舌头，可痛得要命，我的腹部也在隐隐作痛。如果喝一杯冷水的话，我会感到口中怪味难忍。有时我的脚会不由自主地颤抖，左边的脚趾与膝盖痛得厉害。有时我的眼睛里有黄疸，可当我大便后，眼睛就明亮了，不过我又感到很虚弱。”

这个病人的自述是模糊的，东拉西扯的，感觉无从诊断，但这些症状对患者来说都是存在的，都是有真切体验的；另一方面其对症状的描述往往是极细致又极笼统的，一会儿肢体有问题，一会儿内脏有问题，似乎“全身都有病”，这是疑病的显著特点。

有这样一个笑话：一位病人走进门诊医生的办公室，对医生说：“大夫，我觉得我的胃不舒服，里面长了一只青蛙。”医生给病人做了检查，发现病人的胃并没有什么问题，病人胃里根本没有什么青蛙，那不过是病人的心理作用而已。为了解决病人的心理问题，医生决定假装做一次手术。等到病人从麻醉中苏醒过来，医生把一只事先准备好的青蛙拿给病人看，说：“手术很成功，你很快就可以恢复健康了。”病人说：“医生，这不是我胃里的那只青蛙，我胃里面的是一只母青蛙，可这是一只公青蛙啊！”这位病人对病痛的感受真是很

"鲜活"，连胃里有什么动物都能感受出来，而且还知道是公是母。

在感受到如此"鲜活"的病痛之后，疑病症患者求医时总是喋喋不休地倾诉自己的病痛，表现出比医生还高明的样子，为了证实所言属实，患者会努力找出一些很小但很有特征的症状给医生看，唯恐医生疏忽大意。患者的言谈中心是他的身体疾病，极少谈及与发病有关的心理社会因素，他们拒绝承认这些症状是心理问题造成的。为了表明病症的严重性，患者会用一大串医学术语来描述病症。对病症，患者往往表现出严重的焦虑情绪，这与歇斯底里患者对病症无动于衷的态度截然不同。对于医生、家人的劝慰充耳不闻，他人劝得越多，患者的病症越重。疑病症患者虽然不相信医生的话，但却频繁进出医院，以求心理上的慰藉。当然，患者的疑病症状并不是精神病式的幻觉，而只是对普通症状的过敏。

二、“逛医院”爱好者

【案例】

有一位40多岁的中年男性，得知一个老同学因心脏病发作突然死亡的消息后，心情一直不能平静。考虑到自己多年来频繁出现胸闷和心悸，他害怕也会得心脏病而出现意外，便去医院找心脏内科医生求医。经过心电图、彩超及其他器械检查，报告结果都是正常。

但他还是不放心，认为该医生可能水平有限，又到另一家医院要求医生给他做心导管造影检查，在他的纠缠下医生满足了他的要求，结果检查报告又是阴性。他仍不甘心，继续四处奔波看病检查，一直持续检查了两年多，连艾滋病的检查都做了。

虽然检查不出问题，但他还是不相信自己没有病，时刻注意全身各部位的细微感觉，每天给自己搭脉30多次，想捉到可能发生的“早搏”，整天处在心脏病发作的高度警觉状态，提心吊胆，忧心忡忡，精神和机体都十分疲劳。

生病看医生，这本是正常现象，可是有的“病人”反反复复看医生，却始终查不出是什么病，这就令人费解了。其实，这种人确实有病，只是他的病不是在身上，而是在心上。一方面，他们需要医生的解释来打消自己的顾虑，但通常是打消了一个顾虑随即又产生另一个顾虑；另一方面，尽管各种检查结果并不支持患者的揣测，医生也耐心解释，再三保证患者并无严重疾病，但是患者往往对检查结果的可靠性持怀疑态度，拒绝相信检查报告正常的证据，常认为是对自己的安慰，更证明自己疾病的严重性，或者对检查结果的细微差异十分重视，认为这种差异“证实”了自己疾病的存在。

因此，他们始终存在着“还有问题没有搞清楚”的疑虑，坚持自己的疑病观念，继续东奔西走，到处求医，寻求“最新”诊断，做了大量不必要甚至是重复的检查。他们在诊疗过程中渴望能被医生认同自己的症状，对医生的客观判断和没有明确躯体疾病的结论抱抵触和反对的态度，所以不断地挑选和更换医生，渴望寻找医生的关注。当他的症状和痛苦被认可后才表示放心，但不久又会出现症状而开始了新的怀疑。他们常常在各类医院的各科室间辗转诊治，总是处在过分警戒的紧张和焦虑之中。

【案例】

看到一位同事患胃癌死去，35 岁的黄某怀疑自己的胃也出了问题，她吃不下饭，睡不着觉，跑到医院检查，医生诊断没有问题，但她仍整日惶惶不安，始终觉得自己有病。其后黄某连续 6 次到不同的医院进行检查，当反复得出没病的诊断报告时，她还不死心，最后竟然要求医生破肚检查。

这种“逛医院”和重复检查是疑病症最典型的临床特征之一。因为疑病症本身会产生担忧生病以及恐惧死亡的情绪，所以不断检查实则是一种消除疑虑和缓解焦虑的策略。但疑病症患者一方面通过寻求医生的安全保证来缓解，另一方面由于疑病观念和对躯体的过度敏感，往往会对医生的保证产生怀疑，于是他们便不断强迫性地去医院检查寻求安全保证。疑病症患者确信自己患有实际上并不存在的某种疾病，尽管理由不充分，但也绝不是毫无根据的。他们往往会针对某一明确的器官疾病，不断寻求调查验证：若是检查结果正常，可能对已有的观念有片刻的动摇，但过分的注意力并未从身体上转开；一旦再发现有不适，立即认为病还是有的，只不过未查出而已。

除此之外，对将来会患某种疾病的恐惧也会让人产生回避行为，例如不愿意去医院，避开看起来有病的人，甚至避开介绍疾病的报纸或电视，虽然表现形式与前者完全相反，但仍然不能忽视是疑病症倾向，原因是在回避或逃避背后仍然产生“不真实”的躯体反应、担忧恐惧情绪以及错误解释，而且过度的反向行为本身也是一种不合理的行为症状。

三、危机后的怪相

【案例】

某男，40岁。当“非典”疫情刚开始在全国蔓延时，他以为“非典”像感冒一样普通而没有在意，随着死亡病例的增加，尤其了解到“非典”有发病快、传染性极强、通过呼吸道传染的机会最大的特点之后，他开始产生恐惧。一次外出时，迎面走来一位陌生人不经意地咳了几下，几滴唾沫飞到他的脸上，出于面子，他只能自认倒霉。当晚他便出现低热、头痛、咽喉痛等症状，联想到白天的倒霉事，他强烈要求送自己去医院抢救。医生为他进行了全面检查，包括化验血液、拍胸片。检查结果显示正常，他被作为普通感冒患者处理。

两天后，热退，头也不痛了，但患者总以为“存在非典可能”，偶尔的一次咳嗽让他更紧张、惧怕，以为被误诊和延误治疗。多次前往几家三甲医院诊治，要求医生增加检查和治疗力度，包括肺部磁共振、多种生化检查、心脑电图检查、细菌痰培养等，并要求住院观察……

“非典”时期被“唾沫”困扰的绝不止这一位，因为负性危机事件引发人们强烈的心理恐惧，随之而来的便是过分的敏感与关注，加之多疑等性格因素的作用，疑病的发生便在所难免。除了社会的公共危机之外，在生活中发生的创伤性事件，如亲朋好友的病逝也非常容易导致产生疑病。原因是亲友的重病甚至死亡，往往让人心有余悸，在精神紧张恐惧时，会非常敏感地产生联想，过分注意自己的身体健康，表现出对轻微疼痛、发胀的敏感，以至于疑虑重重。如果此时周围人，尤其是医生的言语不慎，更容易对其产生不良暗示，加重其疑病症状。

【案例】

2011年日本核辐射的事件发生后，没多久，从沿海地区开始，食盐就被抢购一空。广州番禺某小区的一位阿姨在家做饭，接到来自江西大姐的电话，称她那边到处在抢盐，已经到了没有盐可买的地步了。这位阿姨放下手中的活，立即到超市去买盐，不料去了四个超市，都没有买到，去批发市场也扑了个空。这位阿姨说："像灾荒发生了一样，感觉好不安。"

近年来，"抢购碘盐"、"海带热销"等现象层出不穷，防辐射的概念也随之火起来。在一个大型购物网站，输入"防核辐射"几个字后，各种各样的产品蜂拥而出：口罩、葡萄籽精华、金属钛锗手链、牛仔裤、香熏蜡烛、衣服、投影仪、情侣卡通内裤等，都贴上了"防核辐射"的标签。甚至一款香皂也宣称"防辐射、祛辐射灰尘、日本核泄漏必备"，让人啼笑皆非。2003年"非典"时期的板蓝根和食醋脱销、口罩紧俏；2011年的食盐抢购、防辐射产品热销，既让我们感慨当时的盲目，又让我们感受到群体性的疑病症状，因为害怕生病，所以盲目地寻求保护策略。

危机事件的出现，会激发人们的恐惧情绪。而恐惧有一个十分重要的特点，即传染性。当群体中有人出现恐惧反应，如四处奔逃、高声呼喊、狂打电话、短信漫天飞，这种反应会迅速扩散，造成更大规模的恐慌。

恐惧产生的一个重要原因，就是危险的不明确性。从心理学的角度分析，人们对生活和未来的不确定感、不安全感越强烈，越容易产生恐惧心理。一旦遭遇危机事件，就会导致谣言丛生、传言四起，而各种不理性行为就会大量出现。抢购食盐就是由于信息缺乏所造成的过度反应，人们对核辐射所造成的危害不清楚，而街头巷尾充斥的都是些对事实夸张和神秘化的谣言，比如“碘盐能抗辐射”、“海盐受污染，以后没盐吃了”、“纵使一月无肉，不可一日无盐”，自然会使公众产生抢购行为。

同时，当一个人被恐惧笼罩时，往往会丧失理智和判断力，比如恐惧中的人会固执于一种逃生途径而不考虑其他可能。例如，火灾中一些人会从几十层的高楼上跳下来，而没有注意到旁边就有一条安全的消防通道。而对危险的未知和不确定性，对自身的判断缺乏自信，很容易让人不辨是非，盲目跟从多数人的意见以求心安。

尤其是在资讯高度发达的今天，市民接受信息的渠道越多，越容易出现误传、谣传，从而产生“谣言一出，击倒一片”的群体效应。以“非典”为例，南京市调查分析中心2003年对北京、上海、南京、重庆、广州五大城市调查后发现，有超过40%的被调查居民是通过非正规途径最先知道“非典”有关信息的。从流言的传播路径来看，以“听别人说”（56.7%）、“通过电话”（19.4%）与“网络”（14.2%）传播为主。

由此可见，面对这一突发灾难性事件，有相当多的市民是从非正规渠道最先得知信息，于是流言满天飞，以至于在政府正式公开“非典”疫情报道前，民众中已经造成了巨大的恐慌，北京、广州等地出现的抢购白醋等风潮就是最明显的例证。

四、信息背后的恐慌

【案例】

小周是一名临床医学的学生。听老师讲课的时候，她经常“对号入座”，反问自己是否有老师所说的这种症状，如学习了肝硬化、肝癌课程后，一旦右上腹感觉不适或出现腹胀，便疑心患了肝病而反复就诊，做肝功能、B超检查，而这种心因性因素更加加重上述症状，经常有类似的不适折磨着小周。

大学生是心理障碍和心理疾病的高发人群，而医学生的心理健康状况更表现出一定的特殊性。正如一句老话，医生治不好自己的病。对于一名从医人员，随着对生命本质的深入认识，他们往往陷入一种“疑病困局”；而作为一名刚刚开始学习医学的学生，就更容易在学习的过程中将自己的躯体作为标本，进行自我检查，身体稍有不适，便对号入座进行自我诊断。一旦觉得一两个症状或体征与某种疾病相同，即以为自己患了某种疾病，精神马上紧张起来，感觉放大使思想上顾虑重重，到处求医，有些学生甚至因此影响学习。如得不到及时有效的干预，很可能发展成为疑病性神经症，严重影响个体的学习、生活甚至社会功能。医科大学生的疑病现象在低年级多见，尤其是处于由基础医学向临床医学的学习过渡阶段，产生的原因也是内外交互作用：

首先，医科大学生处在医学院校的特殊环境中，他们大量接收与疾病有关的信息，较一般人更注意自己的身体变化，加上医学生本身知识的局限性，在学习中零星地学到一些症状便自觉或不自觉套用在自己身上。

其次，不少医学生把心理问题与精神疾病混为一谈，认为心理障碍即是精神疾病的代名词，一旦出现疑病性心理障碍，便认为自己患了偏执症或抑郁症，他们害怕其他同学嘲笑、疏远，加重心理封闭。

再次，从本质上讲，个体的人格心理因素是产生疑病现象的基本动因，疑病的学生性格较内向多虑，心理素质比较脆弱，应对方式存在偏差。

最后，疑病心理与家庭教育中父母的态度也有直接的关系。父母们把期望寄托在下一代身上，尽量在生活上百般照顾和迁就，而在学习上要求十分严厉，考试成绩不理想就训斥甚至打骂，这样往往使孩子形成孤僻好静、自负清高、不拘言笑、不善交往、胆小怕事、多思多虑的性格。对自己的健康过分关心，这也是疑病心理产生的一个不可忽视的原因。

近年来，医科大学生的心理健康教育问题受到了相关各界的广泛关注，提高学生的心理健康水平已经成为医学院校学生管理机构和教育行政部门的共识。各大医学院校在这方面都进行了积极的探索，并取得了一定的成果。例如建立医学生心理健康教育和咨询体系，开设心理咨询门诊，建立学生心理健康状况的监控机制，开展心理健康教育专题讲座，加强心理健康知识宣传，开展形式多样的团体心理辅导活动，开设心理健康教育课程等。

【案例】

张女士比较关心健康方面的问题，也经常到相关网站浏览。最近，她无意中看到一组皮肤肿瘤的图片，都是由痣发展而来的。联想到自己身上的几个黑痣，她不由得警惕起来。她越看这些病理图片，越是觉得自己也有类似的问题。于是，她又将身体上的黑痣与图片进行对照，结果越看越紧张。第二天，她把网上看到的图片打印出来，带着这些资料，到医院皮肤科看医生。医生给她做了一些简单的检查后，认为她并没有问题，让她不必担心。

随着现代社会信息化的飞速发展，人们可以通过各种途径了解到海量信息，尤其是网络的普及，一些人在浩瀚的网络中，经常会发现自己有相似的疾病症状。

“这种烧灼的感觉是胃痛还是心脏病发作?”你的第一反应就是赶紧拿出手机或上网本在百度或谷歌里搜索一下“胸痛”，看看到底是怎么一回事。对大多数人来说，搜索到的往往就是一些极糟糕的病例，网上到处都是与此有关的医学知识。模糊不清或严重的病情可能会出现在搜索结果的第一页，基于此，那些焦虑的搜索者们就从这些令人担忧却又不常见的情形中得出他们症状的诊断，而这很容易患上网络疑病症。

现在的媒体，如报纸、杂志、电视、网络等，提供了大量关于疾病和健康的知识，这一方面为患者早发现、早治疗提供了帮助，有积极作用；但另一方面也因为提供的知识不全面，一些没有得到验证的、错误的，甚至是不科学的知识的传播，对社会产生了消极影响。一些具有疑病心理的人很容易据此做出有病的自我诊断，这种现象越来越多。

心理学家解释，网络疑病症的患者大都具有容易受暗示、敏感多虑的性格特征。并且如果家里有突患急症、绝症亲人这种患病背景，特别容易刺激疑病症的发生。

网络疑病症是因网络搜索信息所产生的疑病症，是因为受网上信息的不良暗示影响，怀疑自己得了根本不存在的疾病，所以心理学家提示，互联网上的信息量虽然丰富，但并非专业的医生建议，有疾病症状的网友在筛选信息时要保持理智，对自己的健康担心要适度，有病还是应该到正规医院进行检查。

在此推荐一些预防网络疑病症的方法：

（1）少查资料：有疑病倾向的人尽量不要查阅有关医学卫生方

面的资料。

（2）勿乱求医，改变四处投医求药的习惯。

（3）不要太敏感：杜绝经常自我注意、自我检查、自我暗示的不良生活习惯。因为人对机体内部的各种信息和各种刺激都有感知能力，感觉过分敏感，就会脱离现实，会把生理的感觉疑为疾病的过程，把轻微的小病体验为大病，感觉要恰如其分，才能准确评价机体的状态，无根据的担心疑虑，本身就是一种不良的心理因素，是诱发多种身心疾病的导火线。

（4）不要太关注：只要不是器质性疾病，对自己身体上一切功能性症状和不适要抱着“听之任之”的态度。

（5）接受诊治：对于偶然发现的确实存在的疾病，要积极诊治；对于个人不能克服的疑病症，必要时接受心理咨询和治疗。

第二章

疑病的诊断与评估

前面的案例是否让你感觉到似曾相识？我们怎样判断是身体真的不对劲还是自己多疑敏感？是有疑病的倾向还是疑病症？是疑病症还是其他神经症呢？接下来将向你介绍基本的诊断标准，并提供了一些问卷，供你参考。

一、疑病倾向的表现

疑病倾向在生活中并不少见，是我们个人担心自己患有一种或多种严重躯体疾病，头脑中产生先占观念，虽然反复经医学检查为阴性，医生也作出无病解释，均不能消除其顾虑并产生焦虑和抑郁情绪。

有疑病倾向的人会表现出对自己身心健康过度关注，对身体某部位的敏感增加，对健康估计过坏，有时稍有一点不适便表现出高度的敏感、担心、紧张和恐慌，反复思考是否患上了某种疾病，要求做各种检查，并担心检查可能有误，于是惶恐不安、紧张焦虑。

有疑病倾向的人在思维、情绪、行为和身体反应会表现为：

①思维模式中，会出现负面、灾难化的倾向，凡事都往坏处想。例如，快步行走引起的心跳加快，会怀疑是自己的心脏有问题。

②情绪感觉中，会经常处于焦虑不安、精神紧张、集中力低、做事缺乏动力等。

③行为表现中，比较容易发脾气、暴躁，出现饮食失调，并常有退缩或逃避的表现。

④身体症状中，不时会出现头痛、气促、耳鸣、失眠、肠胃不适等症状。

一般而言，有神经质型人格的人更容易出现疑病倾向。这是因为他们对自身的健康状况过于关注，把注意力集中在躯体内的一些感觉上。比如注意心跳、消化功能，越注意便越感觉不适，使自己更全神贯注地注意，得出内脏器官有病的结论。到处求医，却并不满意医生无病的解释和检查，又怕贻误病情，到处找名医，并花费大量资金做各种检查，企图证实自己有病的观念，内心十分焦虑痛苦。

同时，疑病倾向的产生大多与自己的家人、朋友患有某种器质性疾病有关，受消极暗示，对当前某些不适高度紧张担心。还有是本人自幼受父母教养方式影响，如平时父母对孩子不关心，生了病却百般呵护，无微不至。造成成年后生活中遇挫折时，用疾病替代挫折来“自我保护”。再有，当家庭不和、工作不称心、人际关系紧张、情感失去寄托时，人们往往会把注意力转向自己躯体，从而出现疑病倾向。

二、疑病症及其诊断标准

疑病症，英文叫 Hypochondria，来自希腊语，原意是上腹两侧肋缘下部，这是人体最敏感的部位。疑病症的概念是在 19 世纪开始兴起的，指的是患者呈现某些不明症状的不适——多数出现在腹腔，或者是对身体患有某种疾病深信不疑，严重影响生活和精神状态。疑病症患者大多会表现有躯体的症状，约有 2/3 的患者有疼痛症状，涉及很多部位，常见部位为头部、腹部、胸部、颈部等。患者的描述有的含糊不清，部位不定，有的甚至诉说全身疼痛，由于对身体的敏感和关注，会对症状感受鲜明，描述生动，形象逼真，这些症状也许是该部位疾患的早期信号，但也可能因高度紧张，疑虑而引起相似感觉，但查无实据。

疑病症又称疑病性神经症，是指由于对自己健康过分关注，而固执地怀疑自己患上了某些莫须有的一种或多种疾病，并因此引起焦虑和恐惧的一种神经症。

出现疑病症状的人在诉述病史时，常以迫切心情详细描述症状，连一点细节也不遗漏。他们有时还将一些道听途说的情况联系起来变成自己的症状，从而使自己经常处在对疾病持续而强烈的恐惧之中。有些人把病史背得滚瓜烂熟，而且熟练地应用医药词汇，绘声绘色地表述自己如何不适。他们的思想和言语完全集中在症状上。当医生检查得出否定的诊断结论时，他们常常断定医生的诊断是不可靠的，并且固执地不会轻易放弃自己的“感受”，以致没完没了地进行检查，一次又一次地换医院检查，以寻求所谓“更好”、“更可靠”的诊断和治疗，因此无法消除和摆脱内心对疾病的疑虑和恐惧，出现失眠、焦虑和抑郁症状；也很有可能由于思想负担过重，给身心健康造成很大伤害，甚至会因此真的引发疾病。

具体诊断标准如下：

1. 符合神经症的诊断标准

神经症是一种精神障碍，主要表现为持久的心理冲突，病人觉察或体验到这种冲突并因之而深感痛苦且妨碍心理功能或社会功能，但没有任何可证实的器质性病理基础，神经症具有以下五个特点：

①意识的心理冲突：神经症病人意识到他处于一种无力自拔的自相矛盾的心理状态。通俗地讲就是自己总是跟自己过不去，自己折磨自己，病人知道这种心理是不正常的或病态的，但是不能解脱。

②精神痛苦：神经症是一种痛苦的精神障碍，喜欢诉苦是神经症病人普通而突出的表现之一。

③持久性：神经症是一种持久性的精神障碍，不同于各种短暂的精神障碍。

④妨碍病人的心理功能或社会功能：神经症性心理冲突中的两个对立面互相强化，形成恶性循环，日益严重地妨碍着病人的心理功能或社会功能。

⑤没有任何躯体病做基础：患者虽然一直抱怨身体状况，但却没有相应的躯体疾病与之相联系。

2. 以疑病症症状为主

该病症区别于神经症中其他类型，如焦虑症、抑郁症、强迫症、恐惧症等。至少有下列一项表现：

①对躯体疾病过分担心，其严重程度与实际情况明显不符；

②对健康状况，如通常出现的生理现象和异常感觉做出疑病性解释，但不是妄想；

③牢固的疑病观念，缺乏根据，但不是妄想。

3. 反复就医或要求医学检查，但检查结果呈阴性，不相信医生的合理解释

一般而言，当症状出现至少三个月才能做疑病症诊断，如果患者的社会功能受损，说明疑病症比较严重。

三、是生病还是其他

1. 疑病症与疑病倾向

疑病症有着形形色色的表现形式，他/她或是对身体的过分敏感，或是对得病的坚信，抑或是不停“逛医院”、做检查的焦虑；他/她在面临社会突发危机时的不安，在鱼目混杂的海量信息下的恐慌。在这样“内忧外患”的局面下，越来越多的人通过“身体症状”来抒发“心理困扰”。因此疑病症是在正常情况下对身体持久而顽固的情绪，这种情绪已是一种超离常态的病态性怀疑。

但需要澄清一点，那就是正常人也会有一些疑病心理，产生一些疑病现象，会因为亲朋好友的生病事件或周遭环境变化，而变得异常敏感，尤其是对自己的身体特别关注，例如常格外细心地留意自己的心跳、呼吸、大小便、性功能、肤色，乃至指甲上的小斑点；会对身体某处一点不舒适的感觉，如轻微疼痛、酸胀等都有很高的觉察力。

一方面，并非所有的疑病现象都是疑病症。疑病现象其实还是比较常见的，也不是所有人的疑病现象都会发展成为疑病症。一般而言，正常人经医生解释可打消顾虑，如果自我调节能力比较好，或及时获得了帮助，一些疑病现象是很容易被消除的。

另一方面，疑病症并不是一个简单的病症，存在的问题、未知的领域和争议的地方还有很多，还需要进一步阐明。所有人都渴望健康，所以一旦患了病痛，人人都会对此关切，诊治敏感。但现在的医学水平也可能并不能将“不适感、异常感、疼痛感”明确地分为是疑病症性的，还是非疑病症性的，所以对疑病症的诊断还应持谨慎态度。一般而言，当一个人坚信自己患有某种较为严重甚至致命的疾病，且专科医生检查后认为没问题，但仍相信自己患病的事实，担心持久不散，并且严重干扰个人生活和工作时，可以初步诊断为疑病症。

换言之，疑病倾向是世人皆有的一种普遍现象，而疑病症则是需要治疗的病态现象。所以，当出现疑病倾向的时候，不需要过度担忧定性为“症状”。究竟是倾向还是症状，可借助疑病症的诊断标准进行判断。

2. 疑病与躯体疾病

疑病常常表现为身体症状，因此有大量的疑病症会被误诊为躯体疾病，而一些尚未识别的躯体疾病也会误诊为疑病症。疑病的症状可见于多种躯体疾病，也可以是某种潜伏的躯体疾病的症状，不过躯体疾病的存在并不排斥共病疑病症，一些慢性疾病的患者更容易患有疑病症或躯体化障碍，当患者的症状和患病恐惧的先占观念已经超出器质性病变的严重程度时，即使已经明确诊断为某种躯体疾病，仍然可以诊断为共病疑病症。

对于躯体疾病，安排检查是必需的；而对于疑病，就不应该安排过多的检查，否则容易造成暗示，增加疑病的症状。但若将躯体疾病诊断为疑病症，很有可能忽略了对躯体的检查，而有可能导致一些躯体疾病未能有效采取治疗。所以对于疑病和躯体疾病的鉴别判断，显得尤为重要。因此保证对躯体正常的察觉，对疾病的正确认知以及对疑病诊断标准的了解，才能真正做到既关爱身体健康又保证心理健康。

3. 疑病症与躯体形式障碍

躯体形式障碍是一种以持久的担心或相信各种躯体症状的优势观念为特征的神经症。病人因这些症状反复就医，各种医学检查结果正常和医生的解释均不能打消其疑虑。即使有时患者确实存在某种躯体障碍，但不能解释症状的性质、程度或病人的痛苦与先占观念。因此很多学者在描述病因和现象时将疑病症和躯体形式障碍结合在一起讨论。

但也有研究认为这两者是不同的疾病实体。躯体形式障碍患者更加关注症状，其人格特征异常，有更多抑郁和焦虑症状，其关注的焦点是特定的假想的身体缺陷，更容易寻求特殊的医疗服务，如美容外科手术和皮肤科的治疗，而疑病症患者更加恐惧死亡。

4. 疑病症与抑郁症

抑郁症常伴有疑病症状，例如早醒性失眠，昼重夜轻的昼夜节律的改变，体重减轻及精神运动迟滞等症状，常常引发对身体的关注，尤其是隐匿性抑郁症应特别注意与疑病症相区别，它常常以躯体性的症状掩盖了抑郁症的本质，但往往经过抗抑郁治疗常获得显著的疗效。疑病性神经症患者的心理特点是存在严重的疑病观念，过度关注各种躯体不适，过度担心疾病与健康，极度恐惧死亡等疑病心理。同时极易接受暗示，尤其对疾病与健康的暗示。与抑郁性神经症大相径庭的是对死亡的态度，前者极度恐惧死亡，后者常常出现自杀。生的欲望是人的本能，但疑病性神经症患者却对生的欲望过度强烈，内省力过强，常常追求过度完美。

5. 疑病症与精神病

疑病症首先是一种神经症，但它不同于精神病。

神经症又称神经官能症，包括神经衰弱、强迫症、焦虑症、恐惧症、抑郁症、癔症、疑病症等，患者深感痛苦但没有可证实的器质性病理基础。而精神病是由于大脑功能紊乱导致的知觉、情感、思维、行为等障碍，表现为各种各样的精神症状，如感到自己的言语、思维、行为不受自己支配，感知到现实中并不存在的事物，甚至出现自我意识丧失等。

疑病症患者除表现有日趋严重的疑病症状以外，其他认识良好，主动求医，无任何精神衰退，体检或实验室检查均无异常发现，一般诊断较明确。但是由于患者的注意力全部或大部分集中于健康问题，以致学习、工作、日常生活和人际交往常受到明显影响。一般而言，通过是否出现幻觉，如幻听、幻视或妄想，自我认知是否出现问题，情感与认知是否倒错混乱等三方面来对疑病症与精神病进行区分。因此疑病症虽然也有对躯体不真实的认识，但这种认识不是一种妄想，下面通过一则案例来说明两者的不同。

【案例】

李女士疑心重，总怀疑他人针对或议论自己，见人即怕，全身发抖，坐立不安，内心极度恐惧，在医院给予药物治疗后症状明显好转，出院后坚持服药，能正常帮家人打理生意。后未能坚持服药，症状加重，紧张、恐惧，全身发抖，怀疑周围人都在针对或迫害自己，坐立不安，彻夜不眠，调整药物后有明显好转，能正常与人相处，期间偶有波动症状。

后来李女士症状加重，彻夜不眠，对外界环境表现极度的紧张、恐惧，怕见人，存在幻听，怀疑周围的一切都与自己有关，情绪不稳定，但问话能答，言语清晰切题。

这个案例中的李女士便是一种精神病，虽然她也表现出敏感多疑，但疑心的是周围人的指责和议论，甚至产生了被害妄想，出现的幻听也是精神分裂症的常见症状。李女士出现的症状已经不属于疑病症的神经症范畴，而是一种精神疾病，其程度比疑病症重，且内容多离奇古怪，逻辑推理荒谬。

很多人常常将神经症与精神病混为一谈，其实这是两种完全不同的疾病。

精神病，也叫精神失常，是大脑功能不正常的表现。现有的仪器设备还查不出大脑结构的破坏性的变化。现有的资料表明，精神病是由于患者脑内的生物化学过程发生了紊乱，有些患者的中枢神经介质多了，有些则是缺少某些中枢神经介质，或是某些体内的新陈代谢物质在脑内聚集过多所致。精神病患者由于大脑功能不正常，往往出现行为活动的明显不正常，如莫名其妙地自言自语，哭笑无常，有时面壁或对空怒骂，有时衣衫不整，甚至赤身裸体于大庭广众之下……

神经症与精神病存在着本质的区别：

首先，两者的性质不同。神经症包括很多种不同的病症：抑郁症、强迫症、神经衰弱、焦虑症等，是一类心理病症的概括性的说法。现代社会中，由于生活的压力或者某些原因，神经症患者正日趋增多。神经症就像感冒一样，比较普遍，只是得病的程度不同，有些人会反映出强烈的病理特征。而精神病是一种比较严重的精神疾病，发生在很少一部分人的身上，一般也带有遗传性。

其次，病人对自己病情的自知力不同。神经症患者一般知道自己的病态行为，活在冲突和矛盾的痛苦当中；而精神病患者则对自己的病态行为缺乏知觉，坚信自己的行为是没有问题的，坚信自己的幻觉是真实存在的，对自己的病情是没有自知力以及自制力的。

最后，治疗的方法不同。神经症患者通过心理咨询或治疗，可以达到痊愈。而精神病患者则一定要到专门医院的精神专科接受药物和心理治疗。

由此可见，神经症和精神病是不同范畴的两种疾病，其发病原因、临床表现等均不一样，所以在日常生活中应该把这两种概念搞清楚。而疑病症属于神经症的范畴，与精神病截然不同。

四、疑病症评估量表

你是否每天都担心自己身体某种感觉的成因？你是否害怕身体出现某种障碍或是担心身体的某个部位将要崩溃，抑或是你担心自己得了病但未被诊断出来？你的亲朋好友是不是告诉你，你对自己的健康状况过于担忧，或者说你得了抑郁症或细菌恐惧症？你的医生是不是告诉你，你一切正常，不必担心？你对这些可能并不十分确定，也许你想知道："是我太过担忧了吗？还是我真的得了重病？"如果你真的处在这种状况之中，那么我们将会帮助你做出判断。

首先，你可以先思考以下问题：

（1）你了解你的病史和体检记录吗？

（2）你对你的身体症状是疾病的确信程度有多高？

（3）当你在担心自己的身体感觉的时候，你的忧虑程度有多高？

（4）你的社会活动和职业活动受到影响了吗？

（5）你的症状所持续的时间有多长？

（6）你承受了很大的情绪困扰吗？

接下来，你还可以想一想：

（1）你是不是担心自己患有重病？

（2）你是不是无论什么时候看到病人、医生或者听到关于病毒的新闻都会感到恐慌？

（3）和其他人比较，你的害怕程度有多高？

判断是否患上疑病症，一个重要的特征是是否"担忧过度"，那么多少担忧才算"过度"呢？你可以问一问自己以下问题：

（1）我花了多少时间担忧自己可能患上或已经患上了疾病？

（2）我因为同一个症状而反复去看医生的频率是多少？（尽管医

生告诉我，我身体没有任何问题。)

（3）我花了多长的时间上网或通过其他资源查找疾病信息，以及这些事情是怎样干扰我做其他事情的？

（4）我是不是因为相信自己可能病了或已经病了而停止做那些我喜欢做的事情？

（5）我的担忧在多大程度上影响了我的工作？

如果即便医生告诉你没有任何问题，你还是去向医生咨询好几次；如果你花过多的时间和精力担忧自己的健康以至于你的家现在处于脏乱的状态；你的人际关系越来越差；你丢弃了自己的爱好并且你的工作受到了影响……那么疑病症可能就是你生活中的主要消极因素。

【疑病自测】

下面的三个问卷分别是疑病倾向测试、躯体感觉放大量表、放心量表，请你根据自己的真实情况进行回答，自测一下自己的疑病倾向程度。

【测试】

疑病倾向测试问卷

请根据你最近一两个月内的情况填写下表：

题　项	是	否
1. 你是否总是感觉良好并精力充沛？		
2. 你是否食欲不佳？		
3. 你的皮肤非常敏感和怕痛吗？		

续表

题　项	是	否
4. 你是否时常感到头脑发晕?		
5. 你比多数人更容易头痛?		
6. 你是否有时感到面部、头部、肩部抽搐?		
7. 你很担心自己得病吗?		
8. 即使你认为自己仅仅是着凉了，也一定要去看病吗?		
9. 你是否常常感到精疲力竭?		
10. 你被认为是一个体弱多病的人吗?		
11. 你家里有一个小药箱来保存以前看病剩余的各种药物吗?		
12. 你非常担心你的健康吗?		
13. 你是否经常为难以忍受的瘙痒而烦恼?		
14. 你的身体是健康的。		
15. 强烈的痛苦和疼痛使你不能把注意力集中在工作上。		
16. 你的家人是否多有肠胃不适的毛病?		
17. 当你不舒服时，别人是否表示同情?		
18. 你长期便秘吗?		
19. 你曾经得过神经衰弱吗?		
20. 你常常感到心悸吗?		
21. 你总是担心家里人会生病吗?		
22. 甚至在暖和的天气里你也时常手脚冰凉吗?		
23. 你常常感到呼吸困难吗?		
24. 你是否认为因轻微的不舒服，如咳嗽、着凉、感冒去看病是浪费时间?		
25. 如果你得了感冒，是否马上卧床休息?		
26. 早上你是否常常看自己舌头的颜色?		
27. 你每天都称体重吗?		

续表

题　　项	是	否
28. 你是否常常为噪音而烦恼？		
29. 你是否感到有块东西填在喉咙里？		
30. 你有忽冷忽热的感觉吗？		
总分：		

☞【评分标准】

第 1、15、24 项回答“是”记：-1 分，回答“否”记：+1 分；其余项回答“是”记：+1 分，回答“否”记：-1 分。然后把所得的分值相加。总分在 0 ~ 30 分之间，得分越高，说明有疑病倾向的可能性越大，反之越小。当分数超过 18 分时，说明疑病倾向比较明显，需要让自己“脱敏”了。

【测试】

躯体感觉放大量表

有疑病心理的人对自身躯体感觉变化特别敏感，容易将轻微的躯体感觉感受为明显的、痛苦的、有害，这种感觉倾向容易将躯体感觉放大。请你对下表中每句话进行 0 ~ 4 分的评分，0 = 不会，1 = 有一点，2 = 中度，3 = 常常是这样，4 = 完全是这样。

题　　项	评分
1. 空气中的烟雾或污染真是让我受不了。	
2. 我通常都能清楚地感觉到我体内发生的变化。	
3. 如果我不小心弄伤自己，受的伤就会久久不愈。	

续表

题　　项	评分
4. 我有时能感觉到血液在体内流动。	
5. 我有时能感觉到有一股气在体内流动。	
6. 那种突然的很大声的噪音真是让我心烦。	
7. 我有时能听到我的脉搏声或心跳声。	
8. 太冷或太热都让我受不了。	
9. 我可以感觉到那种胃因饥饿而引起的收缩。	
10. 即使是很小的损伤，如被蚊子咬一下，我也会难受。	
11. 我很怕痛。	
总分：	

☞【评分标准】

总分在0~44分之间，得分越高，说明对身体越敏感，越有可能出现将躯体感觉放大的情况。

【测试】

放心量表

该量表用来评估自己对医生的解释和保证的放心程度。请你对下表中每句话进行0~4分的评分，0=没有，1=很少，2=有时，3=经常，4=绝大多数。

题　　项	评分
1. 医生的解释让你放心了，之后却又开始担心起来。	
2. 只要还有一点点严重疾病的可能，你就会一直担心下去。	

续表

题　项	评分
3. 只要你还不知道症状的起因，你就会一直担心下去。	
4. 你认为医生下的诊断不正确。	
5. 即使医生认为没必要，你也会要求转诊其他医生。	
6. 你认为医生隐瞒了事实真相。	
7. 你认为医生给你做的检查不合适。	
8. 你认为检查结果不可靠。	
9. 你认为应该对你的症状做更深入的检查。	
总分：	

☞【评分标准】

总分在0～36分之间，得分越高，说明越有可能对医生的诊断产生怀疑甚至多疑。

第三章

疑病症的意义

一、心理需求的“变相”满足

【案例】

晓忆是一位24岁的年轻女孩，在一家私营企业当职员。

如此年轻的晓忆，却行动迟缓，整天愁眉苦脸，一副弱不禁风的样子。在她身上，看不到一点年轻人朝气蓬勃、生龙活虎的气息，倒像是一个久病不愈的老人。从12岁起，晓忆的胃就老疼，特别是在紧张或受了点什么刺激时就更为厉害。也是从那时起，晓忆成了医院里的“常客”。她不知检查了多少遍身体，但每次都未发现任何器质性的病变。

后来晓忆接受心理咨询，采用放松训练，天天写日记批驳自己的一些荒谬想法，但症状仍然没有得到缓解。通过交谈得知，晓忆从小就特别听话特别乖，从不调皮，也从不乱说乱动，只是静静地坐在椅子上。甚至有一次因为班级纪律问题，放学后老师把全班同学都留了下来，唯独把她一个人放回了家。然而快到12岁那年，晓忆的母亲突然连续得了高血压、心脏病、关节炎、脑瘤等几种大病，弄得全家人心惶惶，精疲力尽。晓忆也经常陪伴妈妈去看病、拿药或检查身体，也正是这一年，晓忆突然不明不白地患上了胃病。

显然，晓忆是非常典型的疑病症，怀疑自己有病，对体内外的刺激做出某种夸大的判断，特别是爱把身体上的不适感与某种疾病联系在一起，从而出现紧张、焦虑、抑郁等不良情绪。而这种不良情绪又加强了患者消极的自我暗示，使得身体的不适感更为明显，如此便形成了恶性循环。而在这个案例中晓忆的疑病症，更多的是出于一种心理需要，也就是晓忆通过怀疑自己得病和反复不断地看病，来满足自己十分匮乏的心理需要。

首先，晓忆是利用看病的机会来获得他人的关怀。晓忆的母亲得病之后，就再也顾不上女儿了；晓忆的父亲是个老实内向的人，从不知和女儿交流；而晓忆从小到大，没有一个知心的朋友。作为一个年轻的女孩，晓忆时时渴望着亲情的抚慰，友情的支持，希望有人关心、理解自己，有人听她倾诉、与她交流，在周围环境中不能获得这种情感的满足后，她只好借助于反复不断地看病，来向医生倾诉自己深受压抑的情感，得到医生对她的宽心与安慰。

其次，疑病和看病是晓忆唯一的生活形式。晓忆没有任何朋友，也没有任何业余爱好。除了上班，晓忆的业余时间不是去看病，就是买药、熬药、吃药，或是买健康类杂志反复阅读，简直成了职业的看病者。这是因为人在生活中忍受不了空虚、寂寞，无所事事时，就必须做一些至少自认为有意义的事来获得生活中的一种充实感。晓忆在没有任何朋友和爱好的情况下，“寻找”到了一种用不断地疑病、生病和看病来填充自己生活的生活形式，可算是一种实出无奈的选择。

再次，疑病是晓忆焦虑担忧的必然结果。因母亲的生病，晓忆看到了人一旦生病，就会痛苦，情绪不佳，还会耗神费力，花钱破财，更会失去许许多多的机会。于是，晓忆开始害怕得病。这种强烈的恐惧意识，使她万分的敏感，总是戒备森严地注视着自己身体上一点点的不适。如果身体稍有不适，晓忆就会立即体验到，并产生某种生病的联想，使她更加注意那个部位的不适，不断地强化着自己的感觉，最后导致了那个部位真的出现了强烈的不适感，犹如真的出了毛病一样。

由此可见，之前晓忆采用的一些调节方法都是治标不治本的。这些调节方法只涉及了她的表面症状，但没有触及到她内部的深层动机。当晓忆的生病和看病对其具有极重要的意义时，不容易通过一些简单的心理疗法让她不再怀疑自己“有病”。

孩子不仅会使用生病获得父母注意，从而“获益”，还会用症状来抗争来自家庭的压力，比如一个孩子的多动症，可能表达了他被忽视而想引起父母关注；一个孩子的厌食症，可能在试图改变他父母的关系……大多心理问题，从深层次来看，主要出于爱的匮乏。

精神分析流派学者认为，婴幼儿由于心理结构尚未充分发展，不能在语言上进行表达，个体对外界的刺激主要在躯体水平上做出反应，因而在遇到焦虑或者恐惧时，个体会形成原始的躯体反应。如果母亲不能够很好地理解婴幼儿的这种躯体行为语言并未能给予恰到好处的满足，幼儿就会出现焦虑、紧张。若长期没有得到理解和满足，那么躯体的不适便会积存下来，长大之后，遇到挫折和压力时，遇到困境时，早先的那种躯体反应就会重现，使患者感受到一种非理性的、神经质的躯体不适和焦虑，这一过程叫做“再躯体化”，它是一个退化的过程，即退回到发展的早期阶段。

精神分析理论观点则认为，一切心理疾病都是有意义的，神经症是由于被压抑的心理能量要寻找出路，以“疾病”的形式宣泄出来。因为不能以真正的形式来维护自己，这些被压抑的欲望只好借个人心理防御上的漏斗来粉饰自己，通过这层伪装，然后以比较不被社会反对的形式冲过压抑，侵入意识之中。这样，无意识里的欲望和需求，会以不同的替代形式表达自己和获得满足（即是所说的防御机制），使它的真正面目不易被看穿，也就较容易被个人和社会接受，这些替代形式的表现，就是一般所谓“神经症”的病症了。

弗洛伊德经常论及疑病症，但他避免直接讨论，在一次讲座中，弗洛伊德给疑病症下了一个定义：疑病症是一种爱上自己的疾病的状态。疑病症患者既怕生病，又很爱惜疾病。它成了一种对生活方式的选择，一种从世界上退缩的方式或借口，或者赋予日常生活以意义，逃避工作或者留出工作的时间。所以疑病症本身就是一种心理防御机制。

心理防御机制最早由弗洛伊德提出，是精神分析学派用语，指的是人在精神受干扰时用以避开干扰，保持心理平衡的心理机制，常常是在无意识状态下发生的。防御机制不是蓄意而为，它们都是无意识进行的，目的是保护自己免受伤害，但它们也有自我欺骗的性质，比方借由歪曲知觉记忆等，阻断某一心理过程而防御自我免于焦虑。心理防御机制本身不是病理的，相反它们在维持正常心理健康状态上起着重要的作用，但这种功能作用改变的结果可能产生心理病理状态。

用神经症如疑病症来解决冲突，是一种最无害并最能为社会所接受的方法。世界上除了神经症的病痛以外，还有其他的痛苦，一个人为了需要的满足，也可能以自己的健康为代价，例如人保护自身的健康、安全是天性，是完全正常的状态，当这种保护机制状态被打破，造成的便是疑病症状态。当人们感受到周围的环境或者事物对自身健康造成危机，保护机制就会启动。有这样一个案例，妻子婚前的性观念存在一定的问题，认为性爱是羞耻和肮脏的，婚后性事，令她难以忍受，妻子认为自己患上了妇科病，并四处求医。这个案例说明，妻子由于逃避、厌恶心理对性事采取了过度保护机制，引发了疑病症。

因此，疑病本身就是一种自我防御机制，那它究竟在防御什么呢？那我们就需要透过现象看本质，听听疑病在说什么：

（1）疑病症是对他人的敌视与攻击性的一种置换转移。

因为它通常是把别人的特点内射（introjection）到自己体内，并且因此引起了似乎可信的“疾病”。与认同不一样，疑病性内射会产生苦恼和不愉快。疑病性内射是“与自我不相容的”。这种防御机制允许应用者以他自己的痛苦或不舒服心情去斥责他人，而不会直接向他们提出要求，也不会因为别人忽视他的愿望而诉苦，而这些愿望往往是未曾表达的。比如一位妻子经常跟别人说她丈夫肯定活不长，而最后这个妻子产生疑病症倾向，成天说这儿不舒服那儿不舒服，她正是把对丈夫的未被接受的敌意和攻击性，用一种自己生病不舒服的心情在进行斥责。

（2）疑病症是一个人情绪的防御性反应。

【案例】

一位35岁的女性，因为胸闷、腹胀、上腹部痉挛性疼痛，在综合性医院做过多次检查，排除了器质性问题后进行心理咨询治疗。这位女性病人给人的第一印象极为友好、谦虚，她在乡下的母亲一年前中风瘫痪，于是她接母亲到自家照看，但不久病人就出现上述症状，因为自己患病不能照顾母亲，她不得不请了一个保姆，但有时保姆回家，母亲还得靠她照料。然而她一进母亲的房间就出现上腹部痉挛性疼痛，为此她困惑不解。病人说她父亲在她上小学四年级时去世，母亲一直多病，她是老大，下面一个妹妹，一家的负担于是都落到了她身上。

接下来的多次治疗中，病人很少谈到母亲，只关心她的身体症状，希望医生帮她尽快治愈后好照顾母亲，治疗处于停滞不前，大概在治疗三十多次后，病人一谈到母亲就出现胃痛、焦虑。

接下来的几次出现了转机，病人表达出对母亲的很多愤怒情绪，甚至一度谈话不能自持，病人自懂事起就一直要照顾经常生病的母亲，可母亲因为生病变得脾气暴躁，常常责骂她，她只能忍气吞声，周围邻居都夸她孝顺。曾有一次母亲愤怒地把剩菜泼在她身上，她当时闪过一个念头想杀了母亲，随后病人感到恐惧不安，为自己的想法感到羞愧，暗暗发誓绝不再让母亲生气。在病人大量暴露愤怒和表达情绪后，她的身体症状开始明显好转。

这个案例显示，病人在友好、谦虚的背后蕴藏着强烈的愤怒甚至杀母之心，因为母亲生病使她不得不压抑愤怒，并且为自己的愤怒感到自责，她的躯体症状是她回避愤怒所付出的代价，也就是用躯体症状来置换不能表达的愤怒情绪。又如，一个女孩因为没能照料她远在家乡的单亲母亲，一直有内疚感，结果产生疑病症倾向。当她说自己身体这儿不舒服那儿有病时，就有“充分”理由解脱自己，来消除自己内心中对母亲的愧疚感。

（3）疑病症是保护自尊的一种方式。

一个过分自我关注的人，当他的自尊心降低之后，他会通过疑病症表达。例如一位退休领导，往往会因为生活环境的巨大落差而产生疑病。

（4）疑病症是一个人对以往不道德行为的一种自我惩罚。

当一个人做了自感不道德的事情，或者是内疚，或者是有罪恶感，他很可能会患上疑病症。这和一个人用手做了坏事，结果切菜时"不小心"把手切伤来自惩一样；或者通过反复洗手来清洗自己的"罪恶感"一样。

（5）疑病症是以前心理创伤的再现和表达。

例如一个人曾经有过严重的被拒绝感，留下很深的心理创伤，而现在当他求助于人，又没有得到相应的帮助时，这种失落和无助感很有可能把原来的心理创伤发挥为疑病症，而体验疑病症的过程本身也是对以往创伤的一种转移或逃避。

所以通过疑病症我们可以看到，人们通过它来置换不被接受的攻击性、缓解情绪、保护自尊、自我减压和逃避，从根源上讲，它们都是一种自我保护机制。在弗洛伊德的精神分析理论中，自我防御机制占有重要的地位。当面对可能威胁自我概念的信息时，个体常会体验到一种心理冲突和焦虑，如果不及时有效地解决这种状态，个体可能会陷入心理困惑，甚至导致精神疾病。而自我防御机制则是自我用以解除冲突、降低焦虑的手段。弗洛伊德指出，虽然防御机制有多种方式（较为积极的如替代、幽默、升华等，比较消极的如压抑、逃避、退行、反向等），但它们具有两个共同特点：一是它们都是潜意识的，即个人通常是不知不觉地加以运用，这种无意识条件下的发生，可以使人在一种新的角色下相对轻松地生活；二是它们都是伪造或曲解现实的，以防止本我的冲动，尽管它有自欺的一面，但它也是有意义的，是一种心理自我维护的武器，从某种角度讲，对心理健康具有积极的作用。

二、躯体症状的暗示意义

疑病症通常是对身体不适的过度关注和假想。而身体不同部位的不适，可能透露出一些重要的信息。

露易丝·海，美国最负盛名的心理治疗专家，杰出的心灵导师，著名作家和演讲家。露易丝是全球“整体健康”观念的倡导者和“自助运动”的缔造者。她倡导要满怀爱心地倾听身体的信息，她认为身体就像生活中的其他东西一样，是我们内在思想和信念的反映。假如我们经常抽出时间倾听，我们会发现身体经常在和我们说话。我们身上的每一个细胞都会对我们头脑里的所思所念，对我们说的每一句话作出反应。因此她提出一个观点：我们每个人创造了自己的疾病！每个人都有能力采取积极的思维方式，实现身体、精神和心灵的整体健康。

露易丝·海强调，我们要学会听到身体的讲话。身体的语言，有时候是模糊的，有时候声东击西、含糊不清，我们要有和自己对话的经验。同时，她还列出了一个身体语言的小词典。

【阅读】

身体语言小词典

头疼来源于认定自己无能。下一次你头疼的时候，问问自己哪里做错了，是如何让自己做错的。宽恕自己，让过去的过去，头疼就会“从哪里来，回哪里去”。偏头疼是那些力求完美的人给自己施加强大压力造成的，还包括令人惊奇的一大堆怒火。

头发代表了力量。在某种程度上，也释放着求偶的信息。当我们紧张和害怕的时候，有股力量会从肩膀肌肉处开始向上冲，直到头顶。我们的头发会从发根处立起。当头皮紧张的时候，毛孔会被压迫得很紧，使头发无法获得营养而脱落。如果这种紧张仍在继续，头皮得不到休息，那么毛囊仍然会收缩得很紧，新的头发就无法长出，其结果就是秃顶。自从女性开始进入“商业社会”后，脱发的病例便明显增多，这是由于强大的压力造成了焦虑、紧张。脱发，表明健康程度下降，有些过度紧张。紧张并不是强大的表现，而是虚弱的表现；放松自己、集中精力、平心静气才是真正的强壮和安全。

耳朵，代表着听。当耳朵出现问题的时候，代表着在某种程度上，你不想听到某些东西了，代表着你对听到的东西生气。

眼睛代表看。当眼睛出现问题的时候，通常代表着我们生活中有什么东西，是你不愿意看到的。比如，我们有这么多戴眼镜的孩子。那就是他们对学习负担的无声反抗。如果他们对这些无能为力，他们将在无意中调整自己的视力，这样他们就看不大清楚了。

鼻窦代表关系。它们分布于鼻子附近，代表“被你生活中的某人激怒”，那人和你的关系很近。你甚至会感到它们压倒了你。我们往往忘记了是我们造就了环境，相反，我们通过“责怪他人”这种方式放弃了我们的权力。没有任何人、任何地方、任何事情具有凌驾于我们之上的权力，因为只有“我们”才是自己头脑里的思考者。我们自己创造了自己的经历、自己的世界以及其中的每一个人。当我们在自己的心里创造宁静、和谐以及平衡的时候，我们将在自己的生活中发现它们的存在。

颈部代表着灵活。特别固执的人，容易罹患严重的颈椎病。当他们不愿意改变的时候，颈椎往往成了替罪羊。

咽喉代表着说话的能力。它表达我们所希望得到的、所企求的。当我们的喉咙出现问题的时候，通常意味着我们觉得自己说某些话是不恰当的。它还代表着身体内部的创造力，当我们的创造力被抑制和挫败时，我们经常会有咽喉问题。比如，当你准备发言的时候，你通常要清清喉咙。当你表示厌恶某些人的时候，你会吐唾沫，叫做"唾弃"，当我们没有能力做真正抗争的时候，往往会把能量放在咽喉部。

背代表我们的支持系统。背出现问题，意味我们感到没有支持。如果你觉得自己失去配偶、孩子、老板、朋友等人的支持，感觉到支持受到破坏的时候，容易感到背痛，丧失力量感。大家常会说"身后有强大的力量"、"背负着重大的责任"，就是这个意思。还有，没钱或是害怕没钱的时候，也容易背痛。

心脏代表爱。你看到的都是红色桃心，就明白这个观念是如何深入人心了。血液代表快乐。我们的心脏很乐意把快乐送往身体的各个角落。当我们拒绝我们自己的爱与快乐时，心脏便枯萎了、变冷了。结果是，我们走向了贫血、心绞痛和心脏病。并不是心脏病在攻击我们，心脏病只攻击那些从来不快乐的人们。如果他们不拿出时间来感谢生活中的快乐，那么他们将很快为自己制造出另一次"心脏病发作"。

胃消化我们所有的新思想和新体验。胃有病的时候，一般来说是有什么我们不得不"下咽"的东西，你得接受它，你必须"强咽"下去，可你不喜欢。于是你的胃就代表你提抗议。当我们的胃出现问题时，通常意味着我们不知道如何吸收新体验。

溃疡不外乎因为恐惧——对于"不够好"的极大恐惧。我们害怕成为不够好的父母，我们害怕成为不够好的老板。我们不能消化"我们是谁"。为了试图取悦别人，我们不惜撕裂自己的消化道。不管我们的工作有多么重要，我们内心的自我估价很低。我们害怕别人会发现这一点。

肠道和你放弃废物的能力有关。便秘的人，常常也是十分会过日子的人，这是好听点的说法；直接的说法是比较吝啬，连大便也要储存起来，舍不得排出体外。尽管便秘的那些人实际上并不吝啬，但他们通常并不相信会有“够了”的时候。他们对于那些给予他们痛苦的关系紧抓不放。他们害怕把那些好几年都没有穿过的衣服扔掉，因为他们认为“说不定哪天需要穿它们”。我们的身体，如同生活的节奏和韵律一样，需要在摄取、吸收和排泄之间达到平衡。

生殖系统的疾病，通常是我们感觉到性的肮脏或是不喜欢自己的性别角色。

腿承载着我们走向生活的前方。腿的问题通常预示着我们害怕向前走，或者不愿向某个方向走。不想做事情往往会造成腿部的小问题。例如，静脉曲张代表我们在忍受一个我们讨厌的工作或讨厌的地方，因为静脉失去了承载快乐的能力，它暗示着你不是正朝着你想去的方向走。

膝关节和脖子一样，与柔韧性有关；他们表达出弯曲和骄傲，自负与顽强。通常，当我们向前走的时候，我们害怕弯曲。我们变得不灵活，关节变得僵直了。我们想向前走，但我们不想改变我们的路线。这就是膝关节疾病久治不愈的原因，这里面包含了我们的自负，我们的骄傲和我们的自以为是。下次如果你出现膝关节的问题，想想你在哪些方面自以为是，你在哪些方面拒绝弯曲。试着将你的倔强扔掉。生活是动态的，如果想要感到舒适，你必须灵活地随生活而动。柳树总是随风弯曲、随风摆动、随风飘扬，它总是优美的、轻松的。

脚与我们的理解力有关。我们对于自己的理解，对于生活的理解——过去的，现在的，未来的。很多老年人走路时步履蹒跚。他们的理解力出现了问题。他们通常不知道该去哪里。小孩子走路时会迈着快乐的舞步。老年人则慢吞吞地走，好像他们不愿意走似的。

皮肤代表我们的个性。皮肤问题通常意味着，我们感到自己的个性在一定程度上受到了威胁。我们被一层薄薄的皮肤覆盖着。有一个快速治愈皮肤病的方法就是，每天对你自己说："我欣赏我自己。"每天重复数百遍，收回属于你自己的权力。

而更年期的问题，它的实质就是害怕衰老，害怕自己不被人需要。疼痛发生的部位给我们提供了线索，便于找到使我们感到内疚的生活领域。

露易丝·海揭示了疾病背后所隐藏的心理模式，她当然也不能保证这些说法是百分之百有效的，不过根据统计，有超过90%的疾病是由心理原因导致。既然疾病背后都会隐藏一些心理模式，那么有疑病表现的人对于身体某个部位或某种疾病的担忧，很有可能也存在类似的心理模式。所以疑病的表现，也许是另一种提醒，对于身体关爱的提醒，或者对于病态思维改正的提醒，从这个角度来说，它仍然是有积极意义的。

疑病本身具有以下积极意义：

(1) 身体的"异样"是个信号或警告，告诉我们应该慢下来，调整好生活节奏，不因过度急躁而奔波劳累，不因过度焦虑而自我折磨，尝试着平和平稳；反问一下自己，最近是不是因工作、压力等原因忽视了身体锻炼和保养。

(2) 看看家庭中，谁还有类似的反应方式，是否因为身体"异样"去逃避或躲避一些压力等，并因此得到了一些继发性获益。

(3) 看看自己是否因为关注身体状况，从而避免担忧其他更"糟糕"的事情。要么就安心接受这种不算更糟的局面，要么就尝试着去"触碰"那个"更糟糕"的事情，看看内心真实的想法和需求。

疑病表现虽然恼人，但它绝对不是一件坏事情。用一个全新的视角去看待疑病，我们会发现其好处多多，一方面我们能从疑病中读懂内心所需，这是我们认识自己的一个绝好途径，从而成为我们成长的契机；另一方面对亲朋好友疑病的解读，也能帮助我们更好地了解他们，为他们提供更有效的帮助，增进彼此之间的关系。所以，疑病也许不是一个让人担忧恐惧的病症，而是上帝的一项馈赠或礼物；疑病也许不该成为我们的折磨，而是一位督促我们放松身心的教官；疑病也许不是破坏者，而是一种自我的保护，也许这个时候你就会发现，疑病没什么大不了，我们现在只是需要一段休息，一场身心的放松！

第四章

疑病的产生

从外在的社会文化、生活事件，到内在的人格特质和内心需求，导致了形形色色的疑病症状，弄明白疑病症产生的原因之后，我们就可以更加客观地看待这些困扰人的疑病症。

一、医源性因素

【案例】

一位患者处于“广泛前壁心肌梗塞”恢复期，自我感觉恢复良好，门诊复诊时，心电图室一位年轻医生看完患者的心电图后，问患者：“你是自己走来的?”患者回答：“是的。”医生接着说：“你的心电图都这样了，还能自己走来，真不错。”患者一听就蒙了，此后患者开始担心自己会不会猝死，不敢外出活动，整日郁郁寡欢，逐渐出现了胸闷、憋气症状。

上述案例就是非常典型的医源性致病。“医源性”这个词是德国精神病学家 Bumke 于 1925 年提出，指的是医生错误的诊断，反复检查和长期未确诊、错误的治疗，以及医生不恰当的言语、表情、态度和行为对病人所起的不良影响，造成患者产生异常的心理生理反应。

【案例】

一位中年患者，在剧烈运动后发生胸痛，医生的诊断结果为“冠心病劳累性心绞痛”，给予药物治疗后患者没有再发生心绞痛。但医生认为患者应该做冠状动脉造影以明确病变，并建议患者接受冠状动脉内支架治疗，然而患者比较抗拒支架治疗。为了劝说患者接受支架治疗，医生对患者说：“你还是赶快做冠状动脉造影吧，你的血管肯定有问题，如果不放支架，说不定哪天你还会心绞痛发作，也可能很快就会发生心肌梗死，随时都有猝死的风险。”患者一听这么严重，开始晚上睡不着觉，班也上不了，四处看病。

一般来说，医生的出发点是好的，希望为患者提供自己认为最好的治疗，当这种愿望不能实现时，就会使用一些诱导性语言。当然也不排除有些医生为了一己私利，人为夸大患者的病情，把普通病情描述得“骇人听闻”，促使患者接受建议，采用更昂贵的治疗方式，或者滥用各种不必要的医学检查，这样的结局往往会让患者产生一些误解，认为自己的病情非常严重，不仅诱发疑病症，还可能导致症状维持或加重，因为患者可能会想：“如果医生能肯定我没病，就不会给我做这么多检查。”这样就强化了患者患有严重疾病的信念。而且有些检查结果的报告模糊，例如：边缘状态脑电图，请结合临床参考。这样就让患者有无限遐想的空间，他们很可能自己定性为脑肿瘤等严重疾病。为了能完全弄清楚自己“症状”的原因，患者还会常常去不同医院看不同的专家，当不同专家的意见有冲突时，就会令患者更加担忧和紧张，并进一步寻求更多专家的意见，而专家看得越多，意见不一致的几率就会越高，所以疑病心理便会更严重。

有些医生在向患者交代病情时，缺乏耐心，过多地应用命令性语言，如：“别问了”，“你的病不好治”，“听你的还是听我的”，“随时可能有猝死危险”等，语言和动作过于随意，忽视患者的心理感受，对病情解释不恰当，夸大疾病的危害性，轻率地给患者下疾病诊断；有些医生在诊断过程中不自觉说出“奇怪”、“糟糕”等话语，或表现出迷惑不解的神情，咂嘴、摇头、皱眉等；有些医生本身医学知识水平欠缺，不能对患者的病情给予明确清晰的解释，导致患者妄加揣测，引起患者的不安，或过多依赖客观检查手段，不根据患者的症状和体格检查给予相应的治疗，使症状反复发作，或症状长期不能缓解，导致患者的焦虑和恐惧，这些都可能致使患者产生疑病症倾向。

由于医务人员的特殊权威性，医生不恰当的言语和行为更容易在无形中对患者造成严重的心理伤害，当医生给予病人一些不恰当的诊断时，非常容易产生“标签效应”。即当一个人被一种词语名称贴上标签时，他就会作出自我印象管理，使自己的行为与所贴的标签内容相一致。

【案例】

第二次世界大战期间，美国由于兵力不足，而战争又的确需要一批军人。于是，美国政府就决定组织关在监狱里的犯人上前线作战。为此，美国政府特派了几个心理学专家对犯人进行了战前的训练和动员，并随他们一起到前线作战。训练期间心理学家对他们不过多地进行说教，而特别强调犯人们每周给自己最亲的人写一封信。信的内容由心理学家统一拟定，叙述的是犯人在狱中的表现是如何的好，如何地接受教育，改过自新等。专家们要求犯人们认真抄写后寄给自己最亲爱的人。三个月后，犯人们开赴前线，专家要犯人给亲人的信中写自己是如何地服从指挥，如何的勇敢等。结果，这批犯人在战场上的表现比起正规军来也毫不逊色，他们在战斗中正如他们信中所说的那样服从指挥，那样勇敢拼搏。

这种情况就好像我们在俗话里所说的“说你行你就行，不行也行；说你不行就不行，行也不行”。这就是心理学上的“标签效应”。

我们最常听到的一个例子是：两个病人同住一家医院，其中一人患了癌症，而另一人并无大碍。但医生把两人的诊断书弄混了。结果那个真正的患者整天心情轻松，开心地在医院住了一段日子便健康地出院了。而那个原本身体无恙的人却终日活在对死亡与病痛的恐惧中，最后真的罹患绝症，在抑郁绝望中死去。医源性的疑病症基本上都是负性“标签”引出的结果。所以一个好的医生不仅需要有高超的医术，同时还要有良好的医德，关爱生命，懂得尊重、理解和抚慰患者，有良好的沟通能力，有强烈的爱心、同情心和责任感。

同时，医生对疑病症的诊断也必须十分慎重，不应乱下结论。在诊断时，首先应该在排除器质性疾病的前提下做诊断，否则轻率下诊断，将器质性疾病误诊为功能性疾病，会延误病情，危害病人健康。不少患者对疑病症诊断反感，常将疑病症与装病等同起来，导致对医生不信任，这样不利于心理治疗。疑病症所谓的症状，很大程度上就是一种心理暗示的结果，或者给自己贴标签的结果，所以在给病人陈述病情时也得注意措辞。

二、生物因素

人类大脑内存在四类神经递质，分别是生物原胺类、氨基酸类、肽类、其他类。生物原胺类神经递质是最先发现的一类，包括：多巴胺（DA）、去甲肾上腺素（NE）、肾上腺素（A）、5-羟色胺（5-HT）也称（血清素）。氨基酸类神经递质包括：r-氨基丁酸（GABA）、甘氨酸、谷氨酸、组胺、乙酰胆碱（Ach）。肽类神经递质分为：内源性阿片肽、P物质、神经加压素、胆囊收缩素（CCK）、生成抑素、血管加压素和缩宫素、神经肽y。其他神经递质分为：核苷酸类、花生酸碱、阿南德酰胺、sigma受体（σ受体）。人体内的这些神经递质和受体参与不同的精神活动，这些中枢神经递质不仅对感觉、知觉、情绪、学习和记忆等心理活动产生作用，而且与中枢神经系统所控制和调节的各种功能活动，如睡眠、觉醒以及饮水、摄食等行为活动有密切关系。

有研究发现，人类脑皮层多巴胺系统和边缘多巴胺系统参与精神疾病的病理生理过程，精神疾病患者体内多巴胺、5-羟色胺（5-HT）、去甲肾上腺素等神经递质分泌紊乱，以及这一类神经递质的受体机能障碍导致大脑神经元萎缩，致使大脑局部（海马区）供血减少，神经干细胞功能被抑制、休眠，新生神经干细胞生长停顿，海马区便逐渐萎缩，于是临床上就会表现为失眠、早醒、多梦、头痛、头晕、记忆力下降、情绪低落等症状，继而引发抑郁症、焦虑症、恐惧症、精神分裂症等疾病。

一些药理学研究也间接地提示精神分裂症患者有多巴胺系统功能的异常。一方面，多巴胺系统参与支配边缘系统结构，如伏隔核、嗅结节、杏仁、隔和纹状末梢，并被认为与情感行为的调节有关；另一方面，多巴胺系统在认知功能中起作用。当引起多巴胺释放或阻断神经元对其再摄取从而增强多巴胺，使突触活动的刺激加重精神分裂症的某些症状；无精神分裂症的健康人在大量服用苯异丙胺之后也可能出现急性妄想、幻觉型精神病。因此很多研究者认为多巴胺能引起神经元、神经通路的异常，活性增高性异常，是精神分裂症潜在的重大病因。

在这样的研究结论上，有些学者提出生物体的各种生物活性，几乎都由化学物质的属性所决定，其实人更是一个化学物质控制下的化学人，可以采取使用抑制神经递质活动药物的方法来治疗精神疾病。

美国普林斯顿大学医学研究院诺贝尔医学奖获得者费舍尔教授研究发现：人体在遭受到精神打击、挫折、失败、长期紧张、心情不好等情况时，脑神经会产生大量代谢废物——神经肽、缓激肽，这些废物氧化后，会转为毒性很强的淀粉样肽，严重损害神经细胞膜，造成神经系统功能失衡、内分泌紊乱，从而使神经紊乱，造成疑病症。人体的周围神经系统，可以控制人的躯体表现和植物神经。躯体调节表现在全身肌肉和关节的活动控制。植物神经的控制表现在内脏、心血管平滑肌。疑病症患者常有的疾病症状表现，和这些神经系统的控制有很大的关系，当两组神经无法控制发生紊乱，便产生了客观与主观矛盾的现象——实查无病，状似有病，如胃胀、胃痛、胸闷、气急等。

同时，也有学者认为疑病症与遗传易感素质有关，临床上也可见到一家有多人患疑病症的情况。关于疑病症的药物研究表明，作用于中枢 5-HT 系统的药物可以减轻疑病症的症状，说明疑病症可能存在中枢 5-HT 系统功能紊乱。米勒（Miller）提出，大脑皮层的第二躯体感觉区域（SII）在疑病症及其他躯体形式障碍中起重要作用，该区域位于大脑侧裂之上，邻近脑岛，参与躯体感觉输入的提取、分析和评估，可能对疼痛的察觉起特别重要的作用，而疼痛是疑病症最常见的症状。SII 有接受大范围感觉输入的细胞团，提示该区域有综合来自体表、弥散信息的作用。疑病症患者有一些模糊的、较笼统的症状，可能与SII的这种对大范围输入信息的综合作用有关。位于SII的绝大多数细胞对来自体表和内脏器官的刺激有反应，对SII的电刺激可产生麻刺感、麻木感和发热感，这些感觉类似腹部和胃部的不适症状，也是疑病症患者常诉的躯体症状。

三、社会文化因素

社会是人的组织与联合，是人与人的关系和结果；文化即“人文化成”，是人与人组织与联合的过程和方式，是人以不同于自然的方式进行活动的经验及经验的外化；人是文化性、社会性动物。因此，社会和文化对人的生命本性而言具有统一内涵。事实上，社会与文化不可分割，没有社会的文化与没有文化的社会都是人现实生活的抽象。社会文化性就是人的本质属性，是人与其他动物相区别的标志。由于人以社会文化的形式存在，人的自然生命就被赋予了超自然的意义，以一种非自然本能的方式表现出来。比如同样是吃，人因为有社会文化而吃得更有情调，更讲求味道、营养和健康；社会文化不同，吃的内容和方式也明显不同。无论在什么时候、什么地方，人就是而且只能是以社会文化的方式存在，剥离了社会文化内容的人不是人，也不存在真正的人的心理。所以一个社会的文化，不仅塑造人的性格，教会人们什么样的表达是可接受的，什么样的表达是不可接受的，影响人们如何感受和表达，而且还能影响人的心理健康。

【现象】

日常用语中常常会出现“那件事真噎人”，“那句话把我堵得够呛”，“我的肺都快气炸了”，“你吵得我头都要裂开了”……我们常常会将情绪和身体对应起来，所以当一个人受了气，咽不下又吐（说）不出来时，立刻就会出现咽部的异物感、堵塞感；一个人受了委屈，要申辩不能申辩，要忍又忍不住，也常常出现咽部、胸部堵塞的难受感觉。

现代医学研究发现，由社会心理刺激引起的焦虑、悲伤、抑郁、恐惧等不良情绪，是诱发疾病的重要原因。咽部异感症以及堵塞感症的直接原因，是因为患者要咽又咽不下，要吐又难以吐出来。这里的被噎、被堵的语言，恰恰是咽部堵塞感疾病的隐喻、象征语码的暴露。社会文化提供的逻辑背景，会使用不同的隐喻和象征的方式来描述并“制造”疾病，疾病的很多语码就是蕴含在语言文字中。疾病应用隐喻、象征手法表达愿望及目的时，必然存在共同遵循的语码，即人类社会共有的比喻与象征的语言，人体的不同部位、不同器官、不同系统的疾病，就是这样的隐喻，象征着一切，而这隐喻、象征的语码可以从患者的社会文化背景中找到。

个体的心理首先表现为一种社会文化，这种文化以传统的方式悄然、毫无声息地融入到个体的血脉之中。从这个意义上说，中国人就是被“中国文化”濡化的人，例如湖北人就是被“楚化”了的人。中国传统文化中的社会取向，塑造了中国人依赖、求同、自抑等性格，父母往往把子女看成是自己生命的延续，不希望代际间出现断裂，这就造成了子女独立性差，社会适应能力低，神经症中的强迫症、焦虑症、抑郁症的形成都与此有关。而且，中国人在社会化过程中特别强调对冲动的控制和对成就的追求，父母望子成龙、望女成凤的心理是很多孩子面临的压力和焦虑之源，中国人所患的社交恐惧症在很大程度上是源于传统文化中关系取向对个体的社交能力的过高要求。同时，以情境为中心的中国文化，个体的行为取决于情境中的人际关系，因此我们总是以他人的标准和看法生活。大众舆论对人的影响是巨大的，“舌头根子压死人”这种我们常常可以听到的话就是舆论影响的一个表现。有研究发现，将个人幸福感寄托于外在的人在精神损伤指标上和抑郁量表上均有较高的分数，并且显示出较多的低自尊、恐惧、失眠、头痛等身心症状，而那些自我决定性较强的人则能较好实现自我调整，因为他们认为自己能够控制自己的命运。

不同社会文化背景下人们关注心理健康问题的侧重点不同，衡量的依据也不同。心理健康问题的形成规则就是人们所面对的社会文化状况及对它的认知，包括人生活的物质（设施、物品等）和精神（宗教信仰、风俗习惯、哲学、艺术等）的全部形式。越是内化的文化，对个体心理健康问题的形成影响越大，甚至有时会作为一种自然的生活方式合理化。同样的心理健康问题有时因产生的“规则”不同，表现方式也不一样。比如西方人心理健康的标准是根据西方心理学对心理的界定，以西方心理学研究心理的方式进行心理健康标准的研究。西方人特有的思维方式形成了与中国截然不同的西方文化。西方人通过追求对象化实体的方式确证人本身，努力挣脱抽象的哲学母体，建立起可以用科学的方法测量的科学心理学，所以这种心理观支配下的心理健康标准是固定具体的几条或十几条，如对现实正确的认识、自我接纳等。对某一个体而言，在某一时刻符合几条或十几条就是健康的，不符合就是不健康的，这种心理健康观念在一定程度上忽视了心理的生成性、差异性。中国文化与西方文化相反，主张通过向内的反省认识自我，心理更多的是指人际伦理和交往沟通中需领会琢磨的心思、心意与心性等，是人现实的某种整体精神状态，强调经过主观调整后的内心和谐。所以不同社会文化境遇中的心理健康标准有相当甚至是本质的差异，人们对同样的行为评价标准也不一样，甚至有时对他人同样评价的自我理解也不一样，当然所产生的心理内容、心理状态也就不一样。

西方人的心理健康问题更多地根源于追求自我的先在性与绝对性为基础的西方文化，表现为自我人格分裂、孤独、极端性人格、自我中心主义；中国人的心理健康问题更多地根源于过分注重他人评价、社会影响，缺乏自我意识、自我表现，所以表现为压抑自我的抑郁、焦虑、自我冲突与困惑等。中西方人有不同的表达心理的方式，西方人表达自己的消极情绪比中国人更直接，所以当他们有心理问题时，比较愿意直接对心理医生说："我情绪不好。"但中国人很多时候会把不良情绪转变成躯体的不适，更愿意表达躯体上的不舒服。这和中国文化对"人"的设计和"身体化"倾向不无关系。比如中国人会用"身"这个名词来指代自己，如"本身"、"自身"或"亲身"，一个人的家庭背景也被称作"出身"，家庭财富叫"身家"，地位和价值叫"身价"，生存状态明显改善叫"翻身"，为理想奉献自己叫"献身"，甚至连侮辱也被称为"人身攻击"，这样的身体化倾向很容易导致心理疾病的躯体化特征，因此对身体疾病的疑病也更容易发生。例如台湾大学医院精神科门诊的主诉中70%有身体不适，而在美国罗切斯特地区以身体症状为主诉的比率为22.9%。同样是抑郁症，美国人能比较准确、适当地表达出自己很忧郁的心情，对什么都没有兴趣、不想活了等心理症状，多表现出有关存在意识方面的忧患，如觉着活得没有价值、失去意义等；而中国人多呈现躯体症状，多诉说自己胸中发闷、胃口不好、全身没有力气等身体症状。

同时，一个人的社会经济阶层、教育水平和亚文化因素也会影响表达情感痛苦和躯体不适的程度和方式，而且对疾病和健康的态度都存在较大差异，如慢性功能性疼痛多见于文化程度较低的女性，异常怕冷是华人群体比较独有的躯体症状，皮肤虫爬感多见于非洲人。在任何社会中，一个人进入病人的角色后，会赢得更多的谅解和同情，这也可能为疑病的产生提供了温床。如社会文化形成的道德规范，也可能让人通过"生病"来免除谴责，而另一方面这种强大的道德规范也容易让人产生恐惧而"患病"，例如性病、艾滋病在中国被认为是可耻的疾病，其所造成的社会声誉打击会远远超过疾病本身，所以这也是“阴性艾滋”出现的重要因素。

中西方心理健康问题对比表		
	西方人	**中国人**
根源	追求自我的先在性与绝对性为基础的西方文化	过分注重他人评价、社会影响、缺乏自我意识、自我表现
表现	自我人格分裂、孤独、极端性人格、自我中心主义	压抑自我的抑郁、焦虑、自我冲突与困惑
表达方式	直　接	间　接

四、生活事件因素

【案例】

54岁的郑婆婆两年前吃香辣蟹时，不小心被蟹钳卡喉，再加上辣出了汗，吹了冷风后着凉感冒，咽喉肿痛，咳嗽有痰，痰中偶尔还有暗红色血丝，过了一个多月才好转。郑婆婆之后便留下“后遗症”，总觉得胃里塞满了铁丝，鼻腔里有虫子爬，两年来，郑婆婆反复到多家医院检查，做胃镜、喉镜检查十余次，医生均说无大碍。可医生的解释和检查结果不能消除她的疑虑。她的睡眠越来越差，容易惊恐，常在梦中哭闹着惊叫，称被铁丝和虫子袭击，甚至有轻生的念头。某医院精神卫生科诊断她为“疑病症”。

【案例】

两年前，28岁的张先生在醉酒以后与酒吧小姐发生了不正当的性关系，从此以后他就一直惴惴不安，怀疑自己染上了艾滋病病毒。事发后第七天，张先生就要求做艾滋病检测，检查结果显示并未感染。医生建议张先生三个月后再做一次，可数次显阴性的检查结果并没让他放心，反而觉得检测不准确。两年以来，张先生一直和疾控中心保持联系，心理压力大时就要求做检测，看到了“显阴性”的未感染艾滋病病毒结果后，才长舒一口气。据了解，到外地出差时，张先生也会到当地的艾滋病检测机构做检查，两年来他已经做了十余次检查，结果都显示身体正常。

郑婆婆就是“一朝被蛇咬，十年怕井绳”的疑病案例，而张先生因醉酒惹祸（艾滋恐惧）上身，而不断的自我“惩罚”（就医检查），是最让人恐惧也是最常见的一种疑病症。因为对艾滋病的恐惧，在发生高危行为，如不洁性交、共用剃须刀、美容（如纹眉、穿耳）、献血输血等后，便会强烈怀疑自己患上了艾滋病，反复到医院要求做 HIV 抗体检测，面对阴性结果也无法消除其内心的忧虑。虽然张先生内心也清楚存在感染概率并不意味着绝对，但在恐惧心理作用下，往往很难持有侥幸心理，于是脑海里便会存在着“不正当性关系等同于感染艾滋病”这样绝对化的疑病观念。

他们两人疑病症的形成，跟生活中负性事件的发生有重大关联。负性生活事件会给人带来多方面的精神打击，常常伴有躯体症状，而这种躯体症状可以作为一种记忆形成条件作用，在面对相似情境时会反复体验躯体记忆。这种负性生活事件可能是自己曾经患病的经历，还有可能是发生在周边亲朋好友身上的经历形成的恐惧蔓延心理，或者因为分离、剥离、剥夺等事件造成的心理阴影，如果负性生活事件很多，呈持续性，或者高强度，那么躯体反应就可能发生。

于丹在《百家讲坛》里曾经谈到这样一个例子：某网球明星小时候曾经历过一次意外。一天她陪妈妈去看牙医，这本是个很小的事，她以为一会儿就可以跟妈妈回家了。但是惊人的一幕发生了，她妈妈竟然死在了牙科的手术椅上！原来牙病会引发心脏病，而她妈妈之前没有检查出心脏病。妈妈的死使这位网球明星从来不敢去看牙医。她从来没想过应该根治这个伤痛，更没有想过要看心理医生，她唯一做的就是回避、回避、永远回避……后来她成了著名的球星，过上了富足的生活。有一天她被牙病折磨得实在忍受不了了，家人都劝她：就请牙医到家里来吧，咱们不去诊所，所有亲人在这里陪着你，你还有什么可怕的呢？于是请来了牙医。意外的事情发生了：正当牙医在一旁整理手术器械、准备手术的时候，一回头，这位网球明星已经死去。

在心理学中还有关于人工印记的实验，实验者用邮票大小的湿纸片贴到被试者的皮肤上，对被试者说，贴上之后这块皮肤就会发烧。不一会儿，揭去纸片，皮肤果然变红了。还有人将一块金属硬币放到暗示者的手臂上，暗示说这块硬币刚在火上烤过，会把皮肤烫起泡来。没过多久，硬币下面果真“烫”起了水泡，呈现了二度烧伤痕迹。

这些事件都说明了暗示的作用，这也是生活中最常见的一种特殊心理现象，它是人或周围环境以言语或非言语的方式向个体发出信息，个体无意识地接受了这种信息，从而做出一定的心理或行为反应的一种心理现象。

我们每天早晨在上班前或上学前都会照照镜子，或整整衣服或理理头发。如果有一天你从镜子里看到自己脸色不太好，并且觉得上眼睑浮肿，恰巧昨晚睡眠又不好，这时你会怎么想？会产生什么感觉？有的人会想到这是由于睡眠不好而精神有些不振，眼圈发黑，马上用理智控制自己的紧张情绪，并且暗示自己，到户外活动活动，做做操，练练太极拳，呼吸一下新鲜空气就会好的，于是精神振作起来，高高兴兴去工作或上学了，这种积极的的自我暗示，有利于身心健康；而有的人会马上产生不快的感觉，怀疑自己得了肾病，继而觉得自己全身无力、腰痛，于是觉得自己不能上班或者上学了，甚至到医院就医，这就是一种对健康不利的消极自我暗示，也是一种疑病心理，严重的可能导致疑病症。

五、家庭教养因素

家庭对人具有巨大的影响，一个人的心理问题，往往能够反映出父母的问题，或者是一个家庭的问题。例如父母对孩子过度关注，或把自身的心理障碍转移、投射于孩子，以及家庭暴力、再婚、漠视孩子等，都会导致孩子胆小、敏感、拘谨、无安全感。美国布兰代斯大学进行的一项研究发现，母爱的影响会让孩子即使人到中年也不易患某些严重疾病。研究发现低收入家庭中成长的孩子成年后更容易出现代谢综合症症状，如腰围过大、血压高、胆固醇高、胰岛素低等，但那些有着非常慈祥的母亲的人不容易有这种症状。布兰代斯大学心理学教授玛吉·拉赫曼说，童年发生的事会对成年生活健康留下“生物残留”，这些“残留”会在人到中年时表现出来，所以童年时期在慈母呵护下成长的人健康状况更好，也说明童年对中年生活的长远影响非常引人注目。研究人员猜测，慈母具有同情心，会告诉孩子们如何应对压力，鼓励他们健康饮食，保持良好的生活方式。孩子从母亲身上学会这些后，就会对自身健康产生益处。虽然研究没有包含慈父对孩子健康状况的影响，但研究人员相信，父亲对孩子成年后健康的影响同样不可小觑。

孩子在父母的溺爱之中无法区别出自己与父母的界限，可能会消融了自己，无法发展出自我的独立性；一个承载了父母太多希望的孩子，可能成为父母的一个工具，依然没有自己；一个生活在控制力强或脾气暴躁的父母家庭中的孩子，一定会忐忑不安，不知道怎么才能得到父母的肯定，怎么才能避免被批评和指责，他会丧失自信，会饱含着不能发泄的愤怒；一个生活在冷漠家庭中的孩子，他会长期地被忽视，会强烈地渴望温暖和亲密，却又无力这样去做；一个在家里受到过多批评的孩子，他可能会变得胆小慎微，不敢尝试，自卑……

孩子的疑病多源自家长的过度关心，当一个父母过分关注孩子的身体，一旦孩子生病了就惊慌。那么，这个孩子就会对自己的身体很敏感，一旦生病或有不适的感觉，他就会表现出惊慌来。我们身边还有很多这样类似的案例。

【案例】

小敏刚五岁半，在国庆假期里，她口腔溃疡又肠胃不适，一天晚上她呕吐过后就说脚没有力了。于是母亲急忙带她去看医生，医生告诉母亲没什么大碍，多喝白开水，多吃蔬菜。

两天后小敏突然说脚病更严重了，觉得腿像针刺一样，母亲非常着急，赶紧又带小敏去看医生，一路上不停地问小敏，还有哪里不舒服……之后，小敏有事没事就仔细感受自己身体哪里不舒服，一会儿觉得身体哪里长了一颗痘痘，一会儿摸着手指关节，觉得那里又肿了鼓出来了。

当今社会，孩子是家中的宝贝、小天使、小皇帝，平日已经深得父母、祖父母两辈人的万千宠爱。当孩子生病时，全家上下就更加紧张起来，小题大做，家长更是恨不得自己能替孩子得病。在看护孩子时，家长常常会询问孩子“哪儿还不舒服啊”、“还疼不疼啊”等，殊不知家长的这些问题，一方面会强化孩子的疾病痛苦，另一方面也会给孩子造成一种错误认知，让孩子觉得生病挺好，可以得到平时得不到的东西，这在无形中让孩子形成了一种负面的心理暗示，即使身体丝毫没有病症也可能希望得点病。就如同生活中孩子会运用各种手段，比如搞点破坏或者捣乱来获取父母的注意一样，为了得到父母的注意，孩子也会使用生病的策略，因为生病时家长就会安排去医院检查，这样就可以不去上学了，在检查的过程中父母就会推掉工作而全心全意地陪伴在左右。

孩子生病，父母心疼，想方设法满足孩子的要求，这本是人之常情。关爱很重要，但它并不等于过度满足，家长过度疼爱的看护态度——呵护、娇纵、宠爱，让孩子渐渐不能适应外界的一点点小变化，稍有不快就以“病”逃避，常表现为发脾气、绝食、头痛、胸闷，也容易养成孩子娇惯、敏感、无法承受压力和打击的病态性格。例如，一位平时对孩子漠不关心的母亲，只有当孩子生病时才表现出充分的母爱，那么这孩子长大后患疑病症的可能性就很大。因为孩子把“生病”当成了获得关爱的“工具”。因此，对待生病的孩子，父母的温情关爱很重要，但也要注意方式方法。为了避免儿童疑病症等心理问题趁虚而入，应注意培养孩子坚强和勇敢战胜疾病的信心和态度。尽量将孩子当作正常人甚至是大人对待，这样孩子就不会因为自己生病而被“标签”化，更不会因为想满足心理需求而装病或疑病了。

除了因为家长的过度关心使得孩子学会“疑病”获益之外，家庭中其他成员的表现或症状也可引起孩子的相似表现或症状，成人疑病症症状与童年期父母特别关注自己的症状相似，常常是其他家庭成员症状的复制。童年时，从父母-儿童的特殊的相互影响方式中学到的经验，将对成年后与疾病相关的信念和应对行为产生影响，影响方式有三种：

①父母的示范经验：儿童观察到父母生病时不用承担家庭和工作责任，或受到特别的重视，导致小孩认为疾病是重要的、不可忽视的，会给他带来很多好处，会享受到很多利益和特权，并因此导致对躯体感觉的关注。

②父母过分保护：父母觉得自己的小孩十分虚弱，经受不了一点风雨，整天嘘寒问暖，关怀备至，导致小孩认为自己随时都会生病，并相信疾病是高度危险的，产生对容易生病的恐惧，这种信念很可能伴其一生。

③父母强化疾病行为：小孩生病时，会收到父母送的玩具和零

食，父母的特别注意和同情，不用上学和做家务，通过对生病的奖赏作用，使小孩进一步认识到症状或疾病的重要性，有症状或疾病会得到奖赏，症状消退或疾病好转就意味着失去奖赏。这种强化疾病行为不仅会导致症状产生，还可能导致症状维持，难以治愈。

病是一种武器，这种武器我们不但会在小的时候使用，也会在长大后使用。有意无意地借着症状获得好处，是我们人类在社会生存中获得的“聪明”之一，通过疾病达到不上学、不上班、获许病退、得到劳保、避免指责和批评、免除某种责任和义务、寻求别人注意和同情等目的，是非常普遍的现象，这些并非完全是病人的有意伪装，但却在有意无意中玩着这种游戏。沉迷于这种游戏的后果是自我哀怜、怨天尤人，使个人发展受阻，发展受阻的结果使个体更加执著在这种游戏上。

儿时的家庭，实际上为我们书写了成长的脚本，父母是编剧和导演。我们一直在按照这个脚本表演，如果这个脚本是蹩脚的，那么生活会变得不幸。因为儿童的方式是我们熟悉的方式，也是我们得心应手的方式。症状使自己变得荒诞，而这种荒诞反映了儿时的真实。成年患者是否有意识或无意识地将个人和社会的烦恼或精神症状转化成了躯体症状，也许并不确切，它不是简单的情绪转化成躯体症状，而是早年潜抑下来的“器官语言”的激活和重现，儿童在前语言期的躯体不适感和幻想，是后来形成躯体化症状的基础。

由于社会文化所决定的行为准则鼓励躯体症状的表达，并能得到同情和理解，而诉说情绪烦恼常得不到倾听和支持，甚至被视为软弱无能，从而使病人发明大量的躯体化症状以达到“继发性获益”。所以躯体化症状成为病人对付心理、社会各方面困扰及满足自身需要的一种应对方式。

六、人格因素

【案例】

某企业的一位部门经理王先生，几个月前其对门的一位六十多岁的老人因病去世，听说死因是患传染病，但传染病的病因并不清楚。此后，王先生总是担心不已，心里总有一个疙瘩。近一段时间里，他又在新闻媒体的报道中得知，现代人因工作压力大、生活节奏快，再加上缺乏运动等原因，导致身体免疫力下降，处于亚健康状态，严重者还引起了其他的疾病。因此，王先生非常担心自己的身体，害怕自己年纪轻轻就得病去世，并时常感觉自己很虚弱，特别是在爬楼梯时，一上楼梯就气喘吁吁。为消除顾虑，并能早日治疗，他踏上了求医之旅，一个月内多次到医院进行全面的身体检查，但均未发现异常情况。但这下他更加担心了：明明自己有病，可医院偏又检查不出任何症状，说明自己可能得了严重的疾病，医生故意隐瞒自己。

如果一个人没有真正的器质性病变，仅仅总是担心自己得病，那么困扰他的主要问题其实是焦虑。疑病症的患者去做各种检查、化验的行为是一种继发行为，而对疾病的恐惧、焦虑才是真正的发病原因，而个性多疑、敏感的人更容易产生对疾病的恐惧和焦虑。有的人性格外向，开放粗犷，即使工作压力很大，身体有了不适，也是该休息就休息，该看病就看病，不多在意；有些人则完全不一样，一有工作压力，就对身体疑神疑鬼，这种人从心理学上讲属于疑病性人格。

疑病症的发生，大多与不健全的性格有关。我国学者郑华等人曾使用明尼苏达大学多项人格测验（MMPI）来对疑病性神经症患者进行研究。MMPI 是由美国明尼苏达大学的心理学家哈撒韦和精神科医生麦金利于 1940 年编制而成，可以用于测试正常人的人格类型，也可以用于区分正常人和精神疾病患者。经过不断的修订和补充，MMPI 被翻译成一百多种文字，在一百多个国家里使用，是世界上被使用次数最多的人格测验之一。它由十个临床量表组成，分别是疑病、抑郁、癔病、精神病态、男性化/女性化、妄想狂、精神衰弱、精神分裂、轻躁狂、社会内向。研究发现疑病性神经症患者在疑病、抑郁、癔病、精神病态、妄想、精神衰弱和精神分裂的原始分显著高于中国常模（$P<0.05 \sim 0.01$），其中剖析图波幅变化大，疑病、抑郁、癔病、精神衰弱四项临床量分出现明显的高峰点（T 分>60），T 分>70 的分别为疑病占 35.2%、抑郁占 33.9%、癔病占 34.8%、精神衰弱占 37.8%，依中国常模 T 分 60 为区分正常个性与偏离个性的标准，疑病性神经症患者有明显的人格偏离。根据 MMPI 的结果解释，提示疑病性神经症患者有明显的抑郁情绪、多虑、紧张、担心、夸大或曲解等。

精神科医师总结出疑病症患者共有的人格特征：敏感、多疑、主观、固执、不自信，对身体过分关注，要求十全十美。男性患者病前常具有强迫人格，表现为固执、死板、谨小慎微和不可理喻；女性患者则与癔症性格有关，具有强烈的自恋倾向，过分关心自己的身体，表现出以自我为中心，很少关心别人，完全沉浸在自我感觉和自我体验之中。

从对艾滋病疑病症患者的研究中发现，有 91.89% 的患者性格内向、自尊心强、羞怯、爱面子，重视周围的人对自己的评价，对自己的外在形象特别关注，孤僻、社交范围狭窄；另外 8.11% 的患者属于外向性格，但自尊心极强，极端关注别人对自己的评价。

疑病症患者大多有偏执性格（或称多疑与执拗性格），主要表现为多疑又多心，过分敏感，固执己见、自负、好妒忌、自我评价高、内向、依赖性高、意志薄弱、自控力差、易受暗示等特点，因此对外界的刺激容易不堪忍受，再加上固执多疑和易受暗示的个性特点，就会产生尽管各种检查的结果均正常，但患者自感病情严重，确信自己患有疾病。他们持续寻求解释，而不是治疗，通常对各种医疗服务都不满意，并认为医生不能识别他们的疾病，也不理解他们的感受和需要，从这一点上看，疑病症是强迫性、自恋性人格特征的表现。正常的检查结果有时虽能暂时缓解患者的疑虑情绪，然而一旦患者感到身体有轻微不适，可再度出现疑病忧虑并逐渐加重，从而导致再次就诊，要求再做检查，于是便发展成为疑病症。就好像常说的“天下本无事，庸人自扰之”一样，疑虑等个性就会导致“原本无一病，一疑百病生”。

因为过度的疑虑还容易对别人不易察觉的体腔内脏的正常活动过度关注，产生过分敏感，如感到体内膨胀、堵塞、缠绕、流窜等，这些内在的感性不适便成为疑病症的起因和基础。就好像新生儿的父母对孩子的过分关注会显得神经过敏，他们会认真听孩子发出的任何声音，甚至使用婴儿监视器帮助他们更好地聆听发生在婴儿室的任何声响。他们会十分敏感于房子里发出的任何声音，而不再仅仅是关注孩子所发出的声音。看上去，听孩子的声音使他们对不曾注意的声音——地板上嘎吱嘎吱的声音、冰箱电机运转的声音以及信箱里放传单的声音——也警觉起来。同样，当一个人过多关注自己的身体时，倾向于注意到更多的事情，也会神经过敏。当我们注意到更多身体正常的变化时，很容易就给自己身体找出生病的证据。

你可以试着做以下事情：对你的朋友说：“我刚刚看到有一只蜘蛛在你裤腿上爬，但是我现在看不到了，不知道它爬到哪里去了。我感觉身上很痒。”然后，观察你的朋友几分钟，看看他/她是否比平时更加频繁地检查以及抓挠自己的身体。你的朋友甚至可能会告诉你他/她有同样的感觉。因此，当研究人员让存在身体症状的人和没有症状的人都故意地集中精力在他们身体上的时候，两者都报告出了较之前更多的症状。越来越多的证据表明，疑病症患者花费过多的时间关注自己的身体。疑病症患者对自己的身体特别关注，对身体的某些变化特别敏感甚至恐惧，稍有“异常”就往具体的疾病上联想，对号入座。

其实躯体感觉可能是一些正常的生理过程，如饥饿时出现轻度低血糖，会引起头晕、出汗和心悸等症状；躯体感觉还可以是由压力、紧张等诱发的自主神经激发症状，如胃痛、恶心和腹泻等。而疑病症患者比正常人更容易察觉这些症状，一方面是因为疑病症患者感受到这些症状的阈值比正常人低，另一方面是因为对这些症状的选择性注意，疑病症患者对自身躯体感觉或变化特别警惕，当注意指向自身时，就容易觉察自身躯体的感觉或变化，对这些感觉或变化进行错误的、灾难性的解释，认为微小的躯体不适是严重的躯体疾病。这些信念的形成与患者的人格特征、应对方式等因素有关。

有几类事情能够增加你对身体密切关注的可能性，它们包括：

①对其他事情的关注程度；

②其他人注意以及讨论你所经受的感觉；

③由一般身体运行所导致的身体不适感有总体增强的趋向；

④你对健康和疾病的想法。

我们对事物的关注能力是有限的。也就是说，注意力这个资源是会被耗尽的。你可能经历过注意力被耗尽的时候，比如，当你一直坐在那里听一个非常长而且乏味的会议报告，或者你试着在同一时间内聆听并回应好几个同时和你说话的人。当你的注意力集中在身体之外的事情时，你可能就不会产生身体感觉。当你全身心投入电影的时候，你可能就很难注意到你“麻木的屁股”。运动员在比赛的时候受伤或士兵在战争中受伤，他们在当时是感觉不到的，只有在下了赛场或战场的时候才会注意到自己的伤势。为什么会这样？那是因为当时他们的注意力完全集中在身体之外所发生的事情上。

【专家解析】

疑病性人格的八大特点

①具有疑病性人格的人自我要求高，有着求全、求大、求先的强烈倾向。他的人生追求或者说野心，总是和实际处境存在尖锐的矛盾冲突。这种矛盾经常造成情绪的高度紧张。

②具有疑病性人格的人往往以自我为中心。当然，每个人在不同程度上都有自私唯我、自我中心倾向，但具有疑病性人格的人，这种倾向往往格外强烈。

③具有疑病性人格的人都明显内向，经常处在自我压抑状态中，易感受自我暗示及他人暗示。

④具有疑病性人格的人大多对身体比较注意和敏感。换句话说，那些成天考虑自己身体问题的人其实就是疑病性人格。

⑤具有疑病性人格的人常常具有偏执性人格、强迫性人格。这些人往往特别爱清洁，讲秩序，处事一丝不苟，刻板固执，在思维上善于高度集中注意力，爱钻牛角尖。另外，还有恋旧、不习惯变化等特征。

⑥具有疑病性人格的人在情感上往往属于多愁善感型。诗人、哲人、艺术家大多容易滑入这一类。像《红楼梦》中的林黛玉，就是典型的疑病性人格。

⑦具有疑病性人格的人往往对生物性的危险特别恐惧，如蛇咬狗咬、火灾车祸、疾病死亡以及种种有关战争杀戮或手术的血淋淋场面。而对社会性的各种灾害危险却能够处之泰然，譬如诽谤攻击、打击报复、相互倾轧、残酷斗争，都难以吓住他。

⑧具有疑病性人格的人常常特别关注健康长寿，对医学医药知识表现出很高的兴趣。当然，往往又一知半解，似是而非。

七、年龄因素

就人的生命周期而言，有三个时期比较容易产生疑病症，一个是青少年时期，一个是中年时期，还有一个是老年时期。

1. 青少年时期

【案例】

阿文，15岁男生，高一学生，在学习时总会感到头疼，已有半年。

阿文在小学及初中时，向来都是班上尖子，因成绩特别好，傲视别人。但半年前升入高中后，发现强手如林，期末考试两门不及格，还得补考，心理上打击很大。自此总感觉头昏，脑袋发胀，一看书就头顶紧缩疼痛，休息后会好些，可是一看书，头又疼起来。

他怀疑自己头部长了肿瘤，在母亲陪伴下，走访许多大医院，每次均挂专家门诊号，做各种头部的检查，包括脑电图、头颅CT检查等，一切都正常。由于屡次检查都查不出身体系统的异常，终于被建议去看精神科咨询门诊。

处于青春期的青少年，其心理特点既带有童年期旧有的痕迹，又有某些成年人心理特征的萌芽，因此，身心发育上充满着矛盾。主要表现为：

第一，自我意识逐渐产生。青春期的自我意识已开始独立地把“自我”作为思考对象。这一时期的青少年不再把父母、教师的话视为“真理”，遇事喜欢自己思考，有了自己的看法和见解。这种自我意识的觉醒是青春期开始出现的独立性的本质特征。

第二，独立性和成人感日益增强。随着年龄的增长，青少年与社会的交往、接触越来越广泛，他们渴望独立的愿望也日益变得强烈，不希望父母和教师对自己干涉过多，很想自己解决一些问题。但事实上，自己又不能独立，还必须依附于家庭，在经济上表现的这种依附关系更为明显。这样，常常形成独立与依附的矛盾心理。

第三，认识社会的能力尚不完善。青少年虽然独立性和成人感日益增强，但却往往对社会的认识能力跟不上，这表现为思考问题的直观易感性。思维的直观性表现为思想受所接触到的事物的局部影响，分析问题肤浅，容易以片面代替全面，往往作出错误的判断。易感性还表现在容易受事物的感性现象的影响，模仿性和暗示性强，容易接受社会负面影响，故容易产生各种不良行为。

第四，不稳定的情绪。在青春期，奇怪的情绪变化会悄然而至，这种情绪变化常常使人反复无常、异常敏感。刚才还心情愉快，喜笑颜开，但听到一句不适当的评价或是遇到一道斜视的目光，喜悦的心情立刻烟消云散。

青少年遇到困难或者身体上有稍微的不舒适，都可能导致其情绪上的波动，加之不成熟、判断力不够，常常让青少年产生“退行”的行为方式，或者不成熟的思维特点，如“病了就可以不上学或承担某些社会责任”，因此宁愿自己“病”着，这是选择用疑病症来逃避压力和困难，依靠“生病”来达到解决问题的目的。研究人员还发现，青少年疑病症患者并不像老年疑病症是由于身体衰老、惧怕死亡等原因所致，而是呈现出具有青少年群体特性的病因特点，其病因主要来自母亲及家庭的影响，因为青少年心理比较脆弱，加之父母的溺爱，导致无法经受住打击，一出现不良情绪就认为自己患有“重病”，这种脆弱心理也是导致青少年疑病的诱因。要克服青少年的疑病必须帮助他们树立正确认识事物、对待事物的态度，让其充分发掘自身的优点，并且教育他们要积极面对困难、失败。另外，还需注意培养孩子的兴趣爱好，为其创造展现自己、挑战自己的机会，增加信心指数，让其兴奋点和兴趣点转移，“病”也就好了。

2. 中年时期

【案例】

45岁的陆丹（化名）女士家住南京市江宁区，不久前她在医院做了子宫肌瘤摘除手术，医生说手术非常成功。但不知道为什么，陆女士始终对手术存有怀疑态度，她和家里人说医生将其子宫和肠子缝到了一块儿，造成粘连，使得她疼痛难忍，要和医生打官司。为陆丹做手术的医生一听吓一跳，马上为其做了腹部的CT，结果显示根本没有粘连！但陆丹就是不相信，每天辗转于南京各大医院，试图证明自己的想法。医生接诊后发现，陆丹是患上了典型的疑病症，同时还伴有轻微的抑郁症状。

女性45~50岁、男性50~55岁时，处于更年期，在更年期可能出现一系列的生理和心理方面的变化。多数人能够平稳地度过更年期，但也有少数人由于更年期生理与心理变化较大，被一系列症状所困扰，影响身心健康。此时人会因生理、心理、社会关系的各种变化，将注意力转移到自身的健康问题上，表现出来的就是对身体健康过度敏感，对死亡有更大的恐惧；另外，人一旦到了更年期，胃肠功能等机能都会迅速变差，这是自然规律，但往往会被误以为是病痛，表现出来的就是“疑病倾向”。如果真是得了小病，那么心理上的想象也会加重他们身体上的疼痛感。

中大香港健康情绪中心曾利用疑病行为测量表，访问了3014名年龄介于15岁至65岁的市民，评估他们是否出现过度疑病行为。结果显示，10.9%受访者患疑病症，当中以45岁至54岁受访者的比例最高，占14.1%。研究人员再利用问卷，了解受访者情绪困扰状况，结果显示有过度疑病行为的受访者，患上抑郁症、焦虑症等的风险较一般人高2倍。

更年期女性是疑病症的高发群体，这与女性本身的生理和心理特点有很大的关系。更年期，对女性来说，是指卵巢功能从旺盛状态逐渐衰退到完全消失的一个过渡时期，包括绝经和绝经前后的一段时间。女性更年期可能会出现的现象有：

（1）潮热——更年期妇女经常遭遇的症状

在无任何诱因下，热感从胸部向面部和双上肢迅速蔓延，有时伴有心慌、出汗。还有的病人以夜间潮热为主，常常是半夜醒来，浑身大汗。潮热和夜汗发生的原因都是雌激素缺乏，导致血管收缩舒张运动处于无政府状态。

（2）心悸——也就是心慌，是更年期最常见的症状之一

更年期妇女说这种感觉简直就像做贼心虚，很不是滋味儿。当外界有突然响动，有时动静并不大，自己却感到一阵心慌，心脏突突突地跳个不停，需要好长一段时间才能渐渐平静下来。反复做心电图检查，做24小时心电图，甚至平板运动试验，检查结果常常正常，充其量发作时表现为窦性心动过速。

（3）腰酸背痛——更年期妇女骨质疏松的早期症状

研究表明，更年期妇女的这种酸痛感多数是由于竖脊肌持续紧张造成的。早期的骨丢失多发生在脊椎，在重力的作用下，脊椎骨有被压缩的倾向，使人感到似乎弯着腰、驼着背更舒服一些，但生活又要求人们站直了，别趴下。这样竖脊肌就必须持续紧张，对抗这种压缩倾向。久而久之，肌肉持续收缩不缓解，则腰酸背痛。

除了生理上的症状外，女性更年期心理的症状也不容忽视，更年期女性多会出现以下心理特点：

（1）情绪不够稳定。表现为固执、急躁、爱发脾气、流泪，甚至无缘无故觉得不安而平静不下来，无缘无故地感到害怕、惊恐、顾

虑重重。

（2）注意力不够集中。不易集中自己的思想，不易集中自己的精力，容易感觉衰弱和疲乏，提不起精神，甚至不愿与人应酬，孤独、懒散，不爱言语及处理家务。

（3）心理敏感性增强。比如听说别人因患癌死亡，马上会联想到自己可能也会有同样的遭遇，这些联系往往是灰色的，即不愉快、懊丧、伤心的，也是心理过敏的写照。

（4）记忆力和想象力衰退，体力下降。对以往得心应手的工作和家务不能胜任。

上述更年期出现的心理特点并不是所有更年期妇女所共有的，而仅是在一部分更年期妇女身上出现。

正是因为更年期综合症可能产生的身体症状，如胸闷、气短、心悸、盗汗、头晕、恶心等，所以更年期的女性很容易怀疑自己生了这病或那病，也非常容易引发疑病症，容易出现焦虑、抑郁、失眠等症状，而只有科学地了解更年期，了解更年期容易出现的身体、精神等变化，做好充分准备，为自己打好心理基础，这样才不会把发生在周围的一些不愉快事件强行与自己联系。

有疑病倾向的人要注意更年期的心理卫生，根据更年期的身心特点去生活与工作，既不要不顾身心变化去勉强行事，也不要谨小慎微，顾虑重重，无所事事，可以将平时多疑的时间用来运动，做一些力所能及的工作和家务活，将注意力转移。如每天坚持体育锻炼，多与朋友和亲人交流，培养幽默感。要正确认识更年期出现的生理与心理变化，更年期的某些生理与心理的失调是暂时性的、功能性的，因此不要惊恐不安。精神乐观、情绪稳定，战胜消极悲观情绪和不良心理状态，是顺利度过更年期和避免更年期疑病症的最重要的心理条件。

【小技巧】

练瑜伽有助于缓解更年期症状

巴西圣保罗联邦大学的海伦娜·哈楚尔博士及其同事对44名患有失眠症的绝经妇女进行了研究，研究发现，每周练两次瑜伽有助于缓解失眠症等更年期症状。研究人员将44名参试妇女随机分为3组，15人不接受任何治疗（对比组），14人接受拉伸训练同时接受每周两次的理疗（理疗组），其余15人每周参加瑜伽班练习两次（瑜伽组）。瑜伽组参试的妇女接受拉伸姿势训练和呼吸训练。4个月之后，瑜伽组参试妇女出现的潮热、夜间盗汗、焦虑、易怒、失眠和情绪低落等更年期症状明显少于“对比组”和“理疗组”。

哈楚尔博士指出，瑜伽不仅可锻炼肌肉，而且能调节植物神经和调整内分泌，中老年妇女练瑜伽有助于缓解更年期症状，而且不会产生激素疗法所带来的心脏病、中风和乳腺癌等副作用。

3. 老年时期

【案例】

姐姐的肺癌

段伯伯63岁了，之前在园林部门工作，身体一直很硬朗。两年前他去医院探视患肺癌的姐姐，从那以后，心情便一落千丈。姐姐插着导管痛苦不堪的情形，深深地印在他的脑海里。他经常感到胸闷，喘不上气，怀疑自己的心、肺都出了毛病，有时甚至感觉严重窒息，仿佛随时都有生命危险。儿女陪着他到好几家大医院都去看过病，但始终查不出明确的病因，两年下来，家里花了近2万元医疗费。

段伯伯的疑病症，一方面跟生活事件有关，即姐姐的肺癌对自己产生的负面影响；另一方面跟退休后的无所事事有关，即更容易对身体产生过度关注，所以总是感到身体不舒服，而且怀疑自己得了病。中年人由于事业的繁忙、身体能够承受，因此很少会因为身体的一些不适症状开始担心自己的健康，但一旦进入退休年龄，工作清闲下来以后，反而各种问题层出不穷。因为老人的退休期正值下一代的成熟期，儿女不再如从前般依赖自己，这不仅带来家庭的空巢，也让孤独感、失落感相伴而生。现代社会日新月异，老年人的知识更新速度不比年轻人，获取信息的渠道相对狭窄，在强化“自己老了”的观念同时，也容易发觉身体机能下降。要面临全新的社会环境，融入全新的社会交往群体，更要重新定位早已习惯的社会角色，因此，退休也被看作是人一生中又一次重大转折。退休后的老人，如果不能尽快适应新的生活，被动地应对，很可能会因为“心理感冒”而陷入危险境地。

老年阶段，生理上各器官功能全面性衰老，脑功能也趋向衰退，表现为抑制过程减退，神经系统灵活性下降，记忆减退，思维缺乏创造性，所以心理灵活性较差、趋向保守、迷恋往事；性格上弹性减退，变得固执己见，不易接受新鲜事物，以自我为中心，难以正确认识生活现状；情绪上变得不稳定，易激怒，难自控，由于对死亡的恐惧，负面情绪较多，有孤独感、空虚感。尤其是这个阶段从工作岗位上退休后，面对“岁月不饶人”的现实，面对失去工作时风光的无奈，离开了原有的工作社交圈，产生强烈的无奈、失落、无所适从的感受，还会产生离退休综合症，这样就非常容易产生心理问题。

而多数老年人对自身的健康都十分关心，有时甚至是过分关心，老年人独有的性格特点决定了老年人普遍自我健康评价欠佳，对疾病表现得过分焦虑、担心，自我感觉衰老无用，容易导致老人终日紧张焦虑、多愁善感、忧心忡忡，甚至万念俱灰，有种坐着等死的感觉。这不仅会大量消耗老年人的精力，也会影响到老年人和子女的家庭关系，进而形成恶性循环。

所以对于老年人来说，首先，要正确看待人的生老病死。要认识到，保证自己的身体健康，就是对子女最大的安慰和家庭最大的幸福。很多老年人闲暇时喜欢看书，看到书上写了什么症状，喜欢对号入座，这种心态是要不得的，一定要学会以积极乐观的心态来看待自己的身体状况。

其次，要丰富和充实自我的精神生活，老年人可以结合自己的身体条件和兴趣，选择参加一些绘画、园艺等文体活动，特别是集体活动。这样通过移情，可以将老年人对身体健康的过分关注转移到对兴趣爱好的关注中，特别是集体活动，还能增加人际交往，从而削弱空虚、孤僻的精神状态。这是老年人疑病症最见成效的预防方法。

最后，针对老年人的疑病，家里人应该多给予关注，当老人诉说身体不舒服时，应认同他们的疼痛，并给予重视和同情，让他们心理得到安慰；认同之后要为其“宽心”，让他们不要对“疼痛”或“疾病”产生不必要的或过度的担心、焦虑；对于顽固执拗的老人，应让其产生对医生的信任。做子女的在面对有疑病倾向或疑病症状的父母时，建议每年都带他们去做全身体检，更重要的是，要多陪伴父母，不要让其长时间独自在家，老年人疑病多与孤独感伴随而生，带他们多参加户外集体活动，或者组织家庭聚会，让他们体会到家人的关心，减少孤独感，只要老年人认为自己的生活并不孤独，自然就不会疑神疑鬼；同时还可以鼓励他们培养业余爱好，放开心胸，保持愉悦心情。

老年人出现疑病症症状，多是继发性的，意在引起儿女关注，是对生命质量的理想化期盼。患者一般先有某种躯体疾病，他们本应对这些没有致命威胁的疾病持乐观的态度，然而却过分担忧，固执地认为患了绝症，恐惧、悲观、消沉。从根源来看，患疑病症的老人往往曾处于疾病的环境之中，如童年时家人对患者漠不关心等，这些早期的不幸经历会对患者造成心理创伤，也有可能引发疑病症；此外，外界的一些不良刺激也会加剧老年人的疑病倾向，如医生的诊断失误或治疗失当，或者医务人员使用不恰当的言语、态度和行为都可能使老年人产生疑病的症状。因此，亲人朋友应对老人的身心健康多加关心，帮助其培养乐观开朗的情绪，以积极的态度对待生活，让老人感受到更多的关爱。鼓励老年患者积极参加体育锻炼和集体娱乐活动，培养自已多方面的爱好，逐渐淡化疑病情绪。

第五章

疑病的心理防护

也许你并没有疑病的困扰，但有亲友被疑病困扰；也许你并没有解除疑病的需要，只是希望离疑病远一点。心病还需心药医，情绪和心态两味心药能让我们“有病祛病”、“无病防身”。

一、营造好心情

生活中有不少的人，但凡自己患了某一种病，哪怕只出现某一种症状，便对着医学书籍或文章反复进行比较，由于对医学只是一知半解，通常是越比较越像，症状也越明显。一有小恙，便谈虎色变，一惊一乍地要求家人给予关注和照顾，但是越照顾越感到症状厉害。于是，或责怪医生没有好好诊治，或责怪自己马虎大意，或责怪家人漠不关心，动辄大发脾气，弄得家人无所适从。这种人周而复始地为这些莫须有的症状所困扰，并由此而产生恐惧、悲伤的消极情绪，给家庭生活带来了阴影。多年来，心理学家和心理医学家发现：惰性、不自信与悲观，是“疑病症”患者的三大特点。所以，保持良好情绪和心态，是远离疑病的关键一步。

（一）坏情绪是出现疑病和疾病的根源

【研究】

313名男子参加了一项空军健康研究项目，旨在测定敌意、发火和沮丧这些情绪变化是否会引起人体内C3蛋白含量的变化。C3蛋白质是控制油脂和葡萄糖代谢的一种主要蛋白，和心血管疾病以及糖尿病有关。这类体检连续进行了二十年，研究者根据有关测验收集到所需要的信息，然后对受试者的个性特征、心理因素以及罹患各种慢性疾病的风险进行评估。根据对这些中年健康男性的长时间研究，研究者发现，对敌意、发火和沮丧等情绪变化的测定，很好地预测了二十年中C3蛋白的增加趋势。他们认为，这些数据有力地佐证了如下的规律：情绪，比如敌意、发火和沮丧，和长期的炎症形成过程息息相关，而炎症会导致冠状心脏病、糖尿病和高血压。

很多人第一次登台演讲时都有这样的感受：面对听众，心里非常紧张，汗毛在竖起，四肢微微发抖；明明平时说话很流利，但这时一开口就结巴；讲了不到几分钟，就觉得嘴里很渴……紧张，一个小小的心理状况，就能导致人很多的生理反应。《黄帝内经》讲“喜伤心、怒伤肝、思伤脾、忧伤肺、恐伤肾”。现代医学研究也发现当人的情绪变化时，往往伴随着生理变化，例如害羞的时候，满脸潮红；动怒的时候，出气很粗；恐惧时，会出现瞳孔变大、口渴、出汗、脸色发白等一系列变化……长期处于糟糕的情绪，可能会对我们的健康带来一些负面影响，《三国演义》中就有诸葛亮三气周瑜致死的故事。

经过长期研究，科学家们发现，不良情绪对人的神经系统刺激较大，可使中枢神经系统的平衡遭到破坏：恶劣的情绪能搅动气血，还能使人呼吸加快，医学上把这种症状称为“换气过度症”，因为人体中大量的二氧化碳呼出了，血液中缺少二氧化碳，于是血管产生剧烈反应。这样，首先会出现皮下发麻、指尖发麻，接着便有可能是心跳加速、身体颤抖、头晕眼花、头痛，甚至昏厥；糟糕的情绪也可使内分泌失调，脑垂体在恶劣情绪下产生的荷尔蒙会使血压升高、肌肉僵硬、神经痉挛，甚至还会影响肾功能，或者影响其他内分泌腺的正常运转，继而产生更多的毒素，从而引发各种疾病，引起骨骼肌和内脏肌肉发生紧绷现象，有时甚至呈剧痛，因此不良情绪会影响人的健康，提高癌症、高血压、心血管病、肠胃等疾病的发病率，增加死亡机会，缩短人的寿命。

情绪、情感与身心健康关系密切。长期焦虑、忧愁、悲伤、恼怒、压抑，可能导致精神分裂、高血压、心脏病、溃疡、胃病和癌症等多种疾病，一般称它为心因性疾病。

【研究】

美国生理学家艾马尔将人在不同情绪状态下呼出的气体收集在玻璃试管中，冷却后变成水，发现在心平气和状态下呼出的气体冷却成水后，水是澄清透明的；在悲伤状态下呼出的气体冷却成水后，水中有白色沉淀；在愤怒、生气状态下呼出的气体冷却成水后，将其注射到大白鼠身上，几分钟后大白鼠死亡。

可见，当人具有消极情绪时，身体会分泌出许多有毒性的物质。消极情绪的长期存在，会严重影响身体健康，同时也会恶化成心理障碍和心理疾病。当人焦虑、忧愁、悲伤、惊恐、愤怒、痛苦时，会发生一系列生理变化，当情绪反应终了时，生理方面又将恢复平静。通常此类变化为时短暂，没有什么不良的影响，但若情绪作用的时间延续下去，生理方面的变化也将延长，久而久之，就会通过神经机制和化学机制引起心血管系统、消化系统、泌尿生殖系统、呼吸系统、内分泌系统等各种躯体疾病。

出现疑病，往往意味着远离了快乐，终日伴随的只有焦虑、恐惧、紧张、烦躁、抑郁和无奈等不良情绪，尤其是得不到家人的关心和理解时，更容易陷入孤独、寂寞、绝望的负面情感中。当承受着这些负面情绪困扰时，很容易出现睡眠障碍，而长期的睡眠不足，就容易导致植物神经紊乱，于是心悸、胸闷、气短、头晕、口干、口苦等症状便涌现出来。

【研究】

有人用动物做了这样一个实验：将A、B两只老鼠的身体固定在相邻的铁架上，只让前肢自由活动，下肢均有导线相连，可由一自动控制的仪器通电给以电击。两只老鼠面前各置一个弹簧开关（放松即自动弹回），不同的是A老鼠面前的开关可用以切断电流，而B老鼠面前的开关虽可操弄但无效用。实验开始前，先让老鼠学会操纵开关。每次实验时间为6个小时，然后休息6小时。实验中每隔20秒电击一次，在通电之前先亮灯为信号。由于A老鼠要时刻警觉，每隔20秒操纵一次开关（倘若疏忽，便会受到电击），因而比“坐以待击”的B老鼠加倍紧张。实验持续23天后A老鼠便死亡，经解剖发现其肠胃中已产生溃疡，而B老鼠的肠胃却安然无恙。这个实验充分说明了紧张和焦虑对身体的影响作用，而总是担心焦虑自己身体出了问题的疑病的人，可能真因为这种不良情绪导致身体的问题。

美国医生约翰·辛德勒根据几十年的行医经历统计了一组数据，常见疾病中，由不良情绪引发的，颈椎疼痛占75%，咽喉肿大占90%，头痛和头昏眼花占80%，疲劳占90%，胃胀疾病占99%。这些症状的出现，都是因为人体气血的循环系统被恶劣情绪搅乱了。相关医院调查数据显示，在内科病人中，有近40%的人实际是情绪问题或者心理问题，这些人中有些根本就没有躯体疾病，有些虽然的确是有躯体疾病，但这些躯体疾病也是消极情绪引起的所谓“心身疾病”，如果情绪问题解决了，这些疾病就很容易治愈甚至可以不药而愈。

（二）好情绪的重要意义

【研究】

伦敦大学的研究人员在新一期美国《国家科学院院刊》上报告说，他们选取英国近4000名年龄在52~79岁之间的老人，调查他们的精神状况和死亡风险。研究中，研究人员要求3850名52~79岁参试者在24小时内分4次描述自己生活中的情绪变化情况，其中包括：快乐、兴奋、满意、担忧、焦虑或害怕。

新研究的目标是探索情绪的“积极影响”（快乐、安宁和兴奋）和“消极影响”（焦虑等）。之后，研究人员对参试者展开了长达五年的跟踪调查。结果发现，自诉最不快乐的1/3参试者死亡率超过7%。而自诉最快乐的1/3参试者同期死亡率仅为3.6%。分析显示，老人的精神状况与死亡风险之间存在相关性。在平均为期五年的跟踪调查期间，幸福程度最低的老人群体死亡率为7.3%，而幸福程度最高的老人群体死亡率只有3.6%。也就是说，越幸福的老人越有望活得更久。

这些研究很好地说明了好的心情和情绪有利于健康，而且最终影响寿命。之前我们也提到过，老年人是容易产生疑病现象的高发人群，如果老人感觉快乐、生活满意度高，那么其生命质量会更高，就更能预防出现疑病现象。

愉快而平稳的情绪能使人的大脑处于最佳活动状态，保证体内各器官系统的活动协调一致，使得食欲旺盛，睡眠安稳，精力充沛，能充分发挥有机体的潜能，提高脑力和体力劳动的效率和耐久力；愉快的情绪还能使整个机体的免疫系统和体内化学物质处于平衡状态，从而增强对疾病的抵抗力。

英国著名化学家法拉第在年轻时由于工作紧张，导致神经失调，身体虚弱，久治无效。后来，一位名医给他做了详细检查，没有开药方，只留下一句话：“一个小丑进城，胜过一打医生。”法拉第仔细琢磨，觉得很有道理。从此以后，他经常抽空去看滑稽戏、马戏和喜剧等，并在紧张的研究工作之后，到野外和海边度假，调剂生活情趣，以经常保持心境愉快，结果法拉第活了76岁，为科学事业做出了很大贡献。有人调查发现，几乎所有长寿老人平时都非常愉快，并且长期生活在一个家庭关系亲密、感情融洽、精神上没有压力的环境中。

同时英国还有一项新研究显示，大笑能提高人忍受疼痛的极限值，有助于缓解痛感。英国牛津大学等机构的研究人员在英国新一期

《皇家学会学报》上的报告称，他们请一些志愿者看电视节目，并在此前后测量这些人忍耐疼痛的极限值，如双手忍受冰冻的能力，或使用压力型血压计测量胳膊忍受压力的能力。结果显示，集体看 15 分钟的喜剧可以增加忍耐疼痛的极限值上限，平均增加幅度约 10%。而那些观看高尔夫球赛等普通节目的志愿者则没有出现这种现象。研究人员还进行了更接近真实生活的试验，即在爱丁堡艺术节中测试一些观众的忍耐疼痛的极限值，结果发现那些刚看完现场喜剧者的忍耐疼痛极限值有所提高，而观看其他普通表演的观众则没有这种反应。参与研究的罗宾·邓巴教授说，这可能是因为开怀大笑会导致人体释放一种名为脑内啡的物质，它具有镇痛效果。此外，这项研究还显示，只有开怀大笑，特别是与朋友一起开怀大笑才会导致人体释放脑内啡，浅浅的礼节性微笑没有这种效果。

【阅读】

“皮笑肉不笑”更加影响情绪，不能获得真正的愉悦

美国密歇根大学的一项最新研究表明，强颜欢笑不但不能使人获得真正愉悦的心情，反而会使人的情绪变得更糟。只有发自内心地笑，才能真正改善人的情绪。

该研究成果刊登在《管理学会杂志》上。研究人员针对公交司机展开了跟踪调查，因为这是一个经常与公众接触的职业，而且按照上司的指示，需要时时刻刻与人为善、面带笑容、彬彬有礼。该研究的负责人之一布伦特·斯科特认为，许多企业都让员工在客户面前强颜欢笑，笑脸迎人，但这种做法不但没有效果，反而会给企业造成损失，因为员工的情绪会因此变得更糟，从而影响到工作。

斯科特对两种不同的行为所产生的效果进行了分析，一种是

“表层行为”，假笑或皮笑肉不笑；另一种是“深层行为”，即在积极情绪促使下发自内心地笑。假笑影响人的情绪，而真笑则有助于改善情绪。

（三）看看自己的情绪气象台

人的情绪，也像自然界的天气，有时阳光明媚，而有时阴雨绵绵。下面我们就通过自己的情绪气象台，看看你现在有哪些情绪，认识情绪的能力如何，情绪稳定程度以及拥有哪些情绪自我控制技能。如果你担心自己会被疑病缠上的话，不妨先给自己做下情绪测试，看看自己是否存在情绪上的困扰。

任务一：描述你现在的心情，用两三个形容词表达。

__________、__________、__________

任务二：描述你的某种情绪及产生这种情绪的情景。

____

【测试】

你认识自己情绪的能力如何？

本测试共 15 道题，每道题有 A、B、C 三个选项，请你在理解题目意思之后，选择最符合你实际情况的一个选项。

1. 当你烦躁不安时，你知道是什么事情引起的吗？

A）很少知道

B）基本知道

C）有时知道

2. 当有人突然出现在你身后时，你的反应是：

A）感受到强烈的惊吓

B）很少感受到惊吓

C）有时感受到惊吓

3. 当你完成一项工作或学习任务时，你感到轻松愉快吗？

A）没什么特别的感觉

B）经常有这种体验

C）有时有这种体验

4. 当你与他人发生口角或关系紧张时，你是否体验到自己的不快呢？

A）能够

B）不能够

C）说不清楚

5. 当你专心致志地从事某项活动时，你知道这是你的兴趣所致吗？

A）知道

B）不知道

C）很少知道

6. 在你的生活中，你遇到过令你非常讨厌的人吗？

A）遇到过

B）没遇到过

C）说不清楚

7. 当你与家人或亲朋好友在一起的时候，你感到幸福和快乐吗？

A）感觉不到

B）说不清楚

C）是的

8. 如果别人有意为难你，你感觉如何？

A）没什么感觉

B）觉得不舒服

C）感到气愤

9. 假如你排队买东西等了很长时间，有人插到你前面，你感觉如何？

A）感到很愤怒

B）觉得舒服

C）没什么感觉

10. 假如有人用刀子威胁你把所有的钱交出来，你会感到害怕吗？

A）不害怕

B）害怕

C）也许害怕

11. 当别人赞扬你时，你会感到愉快吗？

A）说不清楚

B）愉快

C）不愉快

12. 你遇到过特别令你佩服和尊敬的人吗？

A）遇到过

B）说不清楚

C）没有遇到过

13. 假如你错怪了他人，事后你感到内疚吗？

A）不知道

B）后悔

C）不后悔

14. 假如你认识的一个人低级庸俗，但却好为人师，你是否会瞧不起他/她？

A）不知道

B）是的

C）不会

15. 假如你不得不与你深爱的朋友分手，你会感到痛苦吗？

A）说不清楚

B）肯定会

C）不会

☞【评分标准】

	1	2	3	4	5	6	7	8	9	10	11	12	13	14	15
A	1	3	1	3	3	3	3	3	3	1	2	3	2	2	2
B	3	1	3	1	1	2	2	1	1	3	3	2	3	3	3
C	2	2	2	2	2	1	1	2	2	2	1	1	1	1	1

根据计分表，查明你每题的得分，并求出总分。根据总分的高低，将人们认识自己情绪的能力分为下面三个水平：

A. 敏感型（36～45分）

这一水平的特征是能够准确、细致地识别自己的情绪，并能认识到情绪发生的原因。这种能力如果运用得当，就能够培养出积极的人生观，有利于发展完善的人格。然而，如果运用不当，也可能会出现以下几种情况：①悲观绝望型：被动地接受各种消极情绪，典型者将发展为抑郁症；②乐天知命型：整天乐呵呵的，对各种情绪采取轻描淡写的态度；③沉溺型：被卷入自己的情绪狂潮中，无力自拔。

B. 适中型（26～35分）

这一水平的特征是能够识别自己情绪的冲动，能够区分基本的情绪，但不能区分一些性质相似的情绪。例如，不能区分“愤怒”、“悲伤”、“嫉妒”等不同的情绪，只是体验为“难受”。导致情绪区分模糊的原因主要有三种：一是体验情绪的强度不够；二是不能准确地识别引发情绪的原因；三是掌握情绪词汇的数量太少。

C. 麻木型（15～25分）

这一水平的特征是很少感受到情绪冲动，对喜、怒、哀、乐等基本情绪缺乏明确的区分。这种类型的人通常表现为冷漠无情，不能与他人进行正常的情感交流，是一种病态的症状。建议去找心理医生咨询一下。

【测试】

你的情绪稳定吗？

通过下面这个小小的测验，你就能认识自己的情绪是稳定的，还是容易波动的；你是否有良好的自我情绪控制技能。如果你的情绪比较稳定，那么说明你面对生活具有良好的心态，你能从容地应付生活中的酸甜苦辣；相反，如果你的情绪易于激动，那么你得给自己的情绪健康敲敲警钟，心情变糟时，一定提醒自己：坦然面对生活。试一试吧。

1. 你有能力克服各种困难。

A）是的

B）不一定

C）不是的

2. 猛兽即使关在铁笼里，你见了也会惴惴不安。

A）是的

B）不一定

C）不是的

3. 如果能到一个新环境，你会：

A）把生活安排得和从前不一样

B）不确定

C）像从前一样

4. 整个一生中，你一直觉得你能达到所预期的目标。

A）是的

B）不一定

C）不是的

5. 在小学时你所敬佩的老师，到现在仍然令你敬佩。

A）是的

B）不一定

C）不是的

6. 不知为什么，有些人总是回避你或冷淡你。

A）是的

B）不一定

C）不是的

7. 你虽善意待人，却常常得不到好报。

A）是的

B）不一定

C）不是的

8. 在大街上，你常常避开你不愿意打招呼的人。

A）极少如此

B）偶然如此

C）有时如此

9. 当你聚精会神地欣赏音乐时，如果有人在旁高谈阔论。

A）我仍能专心听音乐

B）介于 A、C 之间

C）不能专心并感到恼怒

10. 不论到什么地方，你都能清楚地辨别方向。

A）是的

B）不一定

C）不是的

11. 你热爱所学专业和所从事的工作。

A）是的

B）不一定

C）不是的

12. 生动的梦境，常常干扰你的睡眠。

A）经常如此

B）偶然如此

C）从不如此

13. 季节气候的变化一般不影响你的情绪。

A）是的

B）介于 A、C 之间

C）不是的

☞【评分标准】

	1	2	3	4	5	6	7	8	9	10	11	12	13
A	2	0	0	2	2	0	0	2	2	2	2	0	2
B	1	1	1	1	1	1	1	1	1	1	1	1	1
C	0	2	2	0	0	2	2	0	0	0	0	2	0

根据计分表，查明你每题的得分，并求出总分。根据总分的高低，将你的情绪稳定性分为三个水平。

A. 情绪稳定（17～26 分）

你的情绪稳定，性格成熟，能面对现实。通常能以沉着的态度应付现实中出现的各种问题，行动充满魅力，能振作勇气，有团结精神。有时，也可能由于不能彻底解决生活的一些难题而强自宽解。

B. 情绪基本稳定（13～16 分）

你的情绪有变化，但不大，能沉着应付现实中出现的一般性问题。然而在大事面前，有时会急躁不安，难免受环境支配。

C. 情绪不稳定（0～12 分）

你情绪激动，容易产生烦恼。通常不容易应付生活中所遇到的各种阻挠和挫折，容易受环境支配而心神动摇，不能面对现实，常常急躁不安、身心疲乏，甚至失眠等。要注意控制和调节自己的心境，使自己的情绪保持稳定。

【测试】

情绪自我控制技能

请你就下面的情景或描述的情况选择一个最适合自己状态的等级。

+3：非常符合我的特点，极能说明我的情况。

+2：相当符合我的特点，能够说明我的情况。

+1：有点符合我的特点，较能说明我的情况。

–1：有点不符合我的特点，不大能够说明我的情况。

–2：并不符合我的特点，不能说明我的情况。

–3：非常不符合我的特点，极其说明不了我的情况。

1. 当做一件令人生厌的工作时，我会想到工作不大烦恼的地方以及一旦完成工作后所得到的奖励。

2. 当我必须做某些会引起自己焦虑的事情时，我试图在做的时候想象自己怎样克服焦虑。

3. 我常常通过改变自己的思维方式，使自己能够在许多事情上改变情感状态。

4. 我经常发现假如没有任何外界的帮助，很难克服自己激动、不安、紧张的情绪。

5. 当我感到忧郁沮丧的时候，我尝试想到愉快的事情。

6. 我可能难免想起自己过去所犯的错误。

7. 当我遇到难题的时候，我试图用系统的方法去寻找解决的办法。

8. 当有人给我压力的时候，我通常会更快地完成任务。

9. 当我遇到很难的决策时，我宁愿推迟做出决定，即使所有事情都处理完毕。

10. 当我很难集中精神进行阅读时，我会想办法增强我的专注力。

11. 我计划好工作之后，会把所有与工作无关的事情搁到一边。

12. 当我想彻底改掉坏习惯的时候，我首先试图找出保持这种习惯的所有因素。

13. 当有一个不愉快的想法总是缠绕着我的时候，我会试图想起某些愉快的回忆。

14. 如果我每天抽两包烟的话，我想我可能需要外界的帮助来戒烟。

15. 当我情绪低落的时候，我试图表现得欢快一些。

16. 如果我有药丸的话，我会在感到紧张和不安的时候用它来镇静。

17. 当我感到沮丧的时候，我会试图忙一些我喜欢的事情来淡化它。

18. 我往往推迟做一些不令人愉快的工作，即使我可以立即完成它。

19. 我需要外界的力量帮助克服自己的坏习惯。

20. 当我发现自己很难静下心来做某件工作的时候，我会寻找有助于安心的途径。

21. 虽然不幸使我觉得很难受，但我不免会想起将来各种可能的大灾难。

22. 我宁愿首先完成我必须做的事，然后才做我真正喜欢的事情。

23. 当我觉得我身体某个部位疼痛时，我试图不去想它。

24. 一旦我能够克服坏习惯的时候，我的自尊心会增强。

25. 为了克服由失败所带来的不良情绪，我常常告诫自己，这不是灾难，我对它还可以做些事。

26. 当我感到自己太冲动时，我会告诫自己："停下来，在做任何事之前先思考一下。"

27. 即使我对某个人很生气的时候，我也非常小心地考虑我的行为。

28. 当面临决策需要的时候，我通常要找出所有可能的方案而不是很快地、一时冲动地做出决定。

29. 通常我会首先做我自己喜欢做的事，即使有更多的急事要做我也不管。

30. 当我意识到自己参加一次重要会议要迟到的时候，我告诫自己要保持平静。

31. 当我感到身体有点疼痛时，我会试图转移自己的思想。

32. 当我面临某些事情要做的时候，我通常会计划好我的工作。

33. 当我缺钱花的时候，我决定记录自己的所有花费，小心地为将来做准备。

34. 如果我发现很难集中精神做好某件工作的时候，我会把工作分成小的部分来做。

35. 我经常不能克服令我烦恼的、不愉快的想法。

36. 一旦我很饿而又吃不到东西的时候，我会试图分散注意力，尽量不去想自己很饿。

☞ **【评分标准】**

以下题目反向计分：

4、6、8、9、14、16、18、19、21、29、35。

即，

–3：非常符合我的特点，极能说明我的情况。

–2：相当符合我的特点，能够说明我的情况。

–1：有点符合我的特点，较能说明我的情况。

+1：有点不符合我的特点，不大能够说明我的情况。

+2：并不符合我的特点，不能说明我的情况。

+3：非常不符合我的特点，极其说明不了我的情况。

经过修改后，把所有 36 道题的分数加起来（正负代数和），所得的总分就是你自控能力的测量结果。

高分：48 分以上。

中等分数：6 ~ 47 分。

低分：6 分以下。

根据得分，你可以判断自我的控制能力，看看你用何种自我管理方法来解决一般行为问题的能力，分数越高说明你越能有效地进行自我控制，例如用理性的、自我告诫的方法来调整自己情绪的倾向，并在必要的时候，延迟即时满足的倾向。

通过以上的测试，你大概了解自己的情绪状态了，如果情绪良好，那就恭喜你，疑病一定离你远远的，如果情绪状况不佳，不妨看看下面获得好情绪的一些方法。

（四）获得好情绪的方法

【阅读】

保持心情快乐的 20 种习惯

美国一家调查机构在全世界 22 个国家调查人们的快乐水平，结果显示，美国人的快乐水平最高，有 46% 的美国人对自己的生活感到快乐，其次是印度，37% 的印度人乐呵呵地生活着，而中国人的快乐水平最低，位列榜尾，只有9%的中国人觉得自己活得快乐。

快乐只是一种生活态度，一种生活习惯。心理学博士凯伦·撒尔玛索恩女士说："我们的生活有太多不确定的因素，你随时可能会被突如其来的变化扰乱心情。与其随波逐流，不如有意识地培养一些让你快乐的习惯，随时帮助自己调整心情。"以下介绍的20种保持心情快乐的习惯，也许有几款适合您。

(1) 每天拍几张照片。

每天用相机拍下一些身边的人和事，如窗外的树木、路边的小花、邻居家的孩子和朋友的婚礼。当你不定期整理照片时，你会觉得所有的细节都是美好回忆，人会很容易变得快乐起来。

(2) 看悲伤的电影。

看一部令人伤感的电影，情难自禁时，不妨尽情地放声哭出来，然后安慰自己说，这并不是真实的生活，心情便会大有改观。这是一种反向思考的方法，常运用在心理学中，帮助人们换角度思考问题。

(3) 在周末的清晨做白日梦。

暂时抛开那些琐碎的家务活，在周末的清晨做一个美美的白日梦。不要自责，而应鼓励自己说："我工作那么辛苦，挥霍一下自己的休息时间，无可厚非。"

(4) 定期写邮件。

定期与朋友通邮件，聊聊最近的生活，不仅能帮助你放下心里的事情，还能帮助你拾起被淡漠的友情。

(5) 在水边散步。

人与生俱来就是亲水的。在水边散步，能有效地帮助人放松身心，即使烦恼再多，在有绿树有流水的环境中，你也能暂时抛开一切，为自己"偷"得片刻悠闲。

(6) 偶尔吃一顿大餐。

吃一顿大餐的美妙在于，不仅能享受到美味可口的食物，还能让你感觉自己受到了特别礼遇。人在受到与别人不同的照顾时，心情会不知不觉地变好。

(7) 每星期做1次美甲。

每星期做1次美甲，不仅能让你的指甲看起来更加整洁、漂亮，还能让你有“一切尽在掌握”的满足感，人也由此变得豁然开朗。

(8) 参加集体活动。

不要吝啬自己的休息时间，分出一部分给集体活动。登山、郊游、野餐、Party、歌友会……鼓励自己积极参加集体活动，你会在共同的玩乐中找到让自己坚强、平和的力量。

(9) 定期游泳。

游泳是最消耗体力的运动之一，但这种让人精疲力竭的活动，能让人摆脱烦恼，身心舒展。选择一个人去游泳也不错，被水包围其中，再糟糕的心情也能被软化。

(10) 一边开车，一边大声歌唱。

心情不好时，打开车上的收音机，调到较大音量，跟着里面播放的旋律大声歌唱，完全不必在意别人投来异样的眼神，确实是一种让人快速释放心情的好方法。

(11) 一边喝咖啡，一边读小说。

挑一家出名的咖啡馆，带上一本近期最让你感兴趣的小说，选一个靠窗边的位置，坐下来点一杯咖啡，边喝边读，让自己体验一下电影中才有的浪漫镜头，你会得到真实的放松和享受。

(12) 给朋友寄卡片。

挑选10~15张别致的卡片，随手拿出一张写上只言片语，然后邮寄给你的朋友。当所有的卡片都被一一写完并邮寄出去后，一想到朋友们收到卡片时惊喜的表情，你会露出发自内心的迷人笑容。

(13) 在每个星期一的早晨，穿一身色彩亮丽、明快的衣服。

(14) 一边打电话，一边信手涂鸦。

(15) 偶尔吃一份最昂贵的蛋糕或巧克力，并保存价签和包装盒。

(16) 一边洗澡，一边唱歌。

(17) 穿让你感觉最舒服的内衣。

(18) 定期有夜生活。

(19) 在酸奶上撒少许干果。

(20) 每天对着镜子努力地笑一下。如果发现自己的表情很难看，那一定会情不自禁地笑出来，心情马上就会好一点。

保持心情快乐，维持稳定的情绪对疑病的心理防护意义重大。生活中很多小细节都有助于获得良好情绪。

1. 合理宣泄负面情绪

情绪上所受的抑制太多，或所受的心理压力太大，还能引起心智障碍，影响记忆、思维等心智活动的效率。一个在情绪上受到过多限制的人，个性通常不够开朗，而且可能产生不合作、不合群，甚至反群和反抗权威的行为，这自然会使他在社会适应和人际关系方面大受影响。

情绪应该宣泄，但宣泄必须合理。有的人不分时间、地点、场合，对着引起自己不快的对象大发雷霆，甚至采取违反道德和法制的攻击行动，这种直接发泄，常常引起不良后果。还有的人将不良情绪胡乱发泄，迁怒于人，找替罪羊。这些泄愤方法不但于事无补，而且会影响团结，妨碍工作，因而是不可取的。

下面推荐一些比较好的情绪宣泄的方式：

（1）写写日记。

美国南公理堂大学的心理学博士詹姆斯进行了一项独特的研究。他请参加实验者连续一星期写日记，记下自我情绪受影响的重要事项。结果，这些人在写过日记之后的两个月内，去看医生的次数减少了一半。显然，他们免疫系统的功能增强了。这些人也说，他们把心事写下来后，马上觉得舒服多了。

如果你决定开始写日记，应该找一个安静的地方，每天写上20分钟，忠实地写出自己的心事。当你把烦恼写在日记中之后，心情便会渐渐趋于平衡，压力得以舒解，身心也就轻松了。

（2）发发牢骚。

研究表明，适当发发牢骚和抱怨几声，能够有效地保护人们免受身心失调的损害。

科学家指出，适当地发牢骚具有两种积极的效果。首先，通过发牢骚，可使发牢骚者对自己的处境进行分析，从而使发牢骚成为找到解决办法的第一步。其次，发牢骚能提高肾腺素水平，有助于防止忧思。因此，当你情绪低落时，完全可以发发牢骚，但必须注意遵守几项规则：

首先，你必须找到一个能够忍受并懂得如何对待牢骚的人。

其次，你应该努力避免经常就同一个问题发牢骚。

（3）长吁短叹。

研究证明，长吁短叹实际是人们对情绪的一种十分有效的自我调整。

心理学家曾经为竞赛前的运动员和迎考的考生分别检查了血压、心跳和呼吸，然后请他们长吁短叹几声。结果发现，他们的血压都有所下降，心跳和呼吸也均较前减缓和平稳，心理紧张状态得到改善，有利于临场发挥和取得良好的成绩。

因此，适度的长吁短叹一番，你定会感到胸宽神定、豁达舒畅、精神饱满、轻松愉快。

（4）阵阵大吼。

常言道："大吼解千愁。"倘若你由于各种原因引起情绪上的波动，只要大吼一声或几声，顿时会感到心平气和、精神振奋、胃口大开、充满活力。这是因为通过大吼，吐出了胸中的秽气，呼出了肺部之浊气，吸入大量氧气后，在增加肺活量的基础上，改善了呼吸功能，加快了血液循环，增强了胃肠蠕动，提高了机体功能，并能使大脑皮质处于中等兴奋状态，令身心健康处于最佳水平。

大吼可随时进行，但最好到公园、草地、森林、旷野、河边等地。在吼啸时，要仰面朝天，张大嘴巴，放开喉咙，做到无拘无束，尽情放声，并尽量延长尾巴，以利吐净秽气。如果认为吼啸不太雅观，可以放声高歌，也能收到同样效果。

2. 食用让人快乐的食物

研究显示，食物中的一些成分可以改变血液中某些神经递质的浓度水平，从而影响人的情绪。当身体摄入一些营养素后，通过加工，可以形成相应的神经递质，从而影响它们在体内的浓度水平，最终影响人们的情绪。一般说来，以下营养物质会影响神经递质的生成。

蛋白质：蛋白质中有一种酪氨酸，它能够促进大脑中去甲肾上腺素和多巴胺的合成，这两种化学物质能缓解精神压力，提高记忆力和理解力。

碳水化合物：碳水化合物可以引发胰岛素的释放，胰岛素可以清除血液中所有的氨基酸而只留下色氨酸，这大大有利于色氨酸进入脑细胞。

维生素：对情绪具有影响作用的主要有B族维生素及维生素C、D、E等。其中维生素B1、B6、叶酸可缓解忧郁；泛酸与维生素C可减轻压力；烟酸和维生素D可平缓情绪，消除焦虑；维生素E帮助脑细胞最大限度地获取血液中的氧，使脑细胞活跃起来。

矿物质：钙有利于平稳情绪；铁有助于克服紧张、焦躁状态；硒能帮身体补充精力，令人振奋起来；锌能够抑制忧郁情绪，并提高人的注意力；镁具有安神和抗忧郁的作用。

在日常的饮食中，可以多食用那些让我们快乐的食物，远离可能败坏心情的食物。

（1）让我们快乐的食物。

全谷类食物：全麦面包、糙米、胚芽米、红薯等食物中，含有丰富的碳水化合物和B族维生素，可以维护神经系统稳定，增加能量的代谢。

蔬菜水果：蔬菜、水果中所含有的丰富维生素、植物化学物质能改善大脑化学特性，使大脑保持良好的工作状态。常吃莲子、藕、红枣、龙眼等有养心安神的作用；西红柿、红辣椒、西瓜等红色食品，是改善焦虑情绪的天然馈赠；香蕉、甜瓜、菠萝能帮助人们克服精神忧郁，缓解紧张情绪等。

海鱼：例如鲑鱼、金枪鱼、沙丁鱼等，含有一些对改善情绪有益的脂肪酸，特别是欧米伽-3脂肪酸，能阻断神经传导路径，增加血清素的分泌量，使人的心理焦虑减轻。

巧克力：人们忧郁或者沮丧的时候，往往第一件事就是把手伸向巧克力。巧克力尤其是可可含量更多的黑巧克力，是忧郁情绪的“克星”。

（2）败坏心情的食物。

在心情不好的时候，千万别选择以下会败坏情绪的食物，否则它们可能让你更增烦恼。

油炸食物：油炸食物富含饱和脂肪酸，肠胃需要较长的时间才能消化，使本应供应大脑的血液转而供向消化系统，导致大脑反应变慢，注意力无法集中。

高脂肪食物：高脂肪食物会导致血液内的胆固醇增高，令血液流动速度减慢，身体无法得到足够的氧气支持，人就容易感到疲劳、困倦，提不起精神。

高糖食物：糖在人体内分解产生能量时，会产生丙酮酸和乳酸等代谢物，这些废物靠含维生素 B1 的酶分解为二氧化碳和水，然后排出体外。一旦维生素 B1 不足，丙酮酸、乳酸等代谢产物将积蓄在人体内。如果在脑组织中积蓄过多，会使人的情绪出现莫名其妙的恼怒、冲动任性等坏情绪。

二、保持良好心态

【故事】

有一位快乐的农夫，每天早晨都迫不及待地向新的一天问好："上帝，早上好！"农夫的邻居，一位心事重重的农妇，每天的问候语与他类似："上帝，早上好吗？"

一个阳光明媚的早晨，农夫欣喜地叫道："多么明朗的天空！""是的。"农妇回应道，"但它同时也会带来炎热，我真担心会把农作物烤焦。"上午的阵雨过后，农夫说道："真是一场及时雨，农作物可以开怀畅饮了！""但愿老天能见好就收，不然农作物可吃不消。"农妇忧心忡忡地说道。"不必担心，别忘了，我们都参加了洪水保险的。"农夫安慰道。

为了让邻居快乐起来，农夫费尽周折弄来了一条德国犬，特意请农妇观赏精彩表演。

"把木棍取回来！"农夫把木棍扔进湖里，大声命令道。德国犬立即向湖边跑去。它在湖中上下翻腾着，一会儿浮出水面，一会儿沉入湖底，没多久，就口衔木棍回到了主人身边。农夫兴高采烈地问："这家伙表演得还可以吧？"农妇手捂胸口，眉头紧皱地答道："我都快揪心死了！生怕它淹死！"

每个人都有一套属于自我的生活理念，有的人生活得很快乐，有的人却对生活出奇的失望，归根结底是心态的问题。心态，即心理状态的简称，它主要是指动能心理因素和复合心理因素所包括的各种心理品质的修养和能力；也就是人的意识、动机、观念、情感、气质、兴趣等心理状态的总和，是人的心理对各种信息刺激做出反应的趋向。

西方一位著名心理学家说："我们每个人都随身携带着一种看不见的法宝，那就是我们的心灵，它的一面写着'积极'，另一面写着'消极'。积极心态可以使你达到人生的顶峰，消极心态则会让你一事无成，从此与不幸结缘，碌碌无为一生。"

（一）不良心态有害健康

【研究】

美国研究人员发现，对于有相似膝关节问题的患者，那些悲观的人对膝关节疼痛和关节障碍的抱怨比没有悲观想法的人要多。研究负责人是来自北卡罗来纳州 Wake Forest 大学的 Gretchen A Brenes 博士，他与同事研究了 480 名 65 岁以上关节炎患者的疼痛程度、关节功能和人生观。他们发现，表面比较悲观的人比其他人更难完成日常的活动，如行走、举物、爬楼梯、上车、下车。

Brenes 博士指出，悲观的人不相信有什么能改善他们的病情，所以也就不进行任何尝试。因此他们没有机会来发觉自已能或不能做到。进一步说，与态度积极的同龄患者相比，如果悲观的人连保持健康的活动都不愿进行的话，比如进行锻炼，他们就更难维持健康的身体，因此就会感到更疼痛，关节功能更差。即使悲观的人尝试进行锻炼，他们也更可能感到疼痛，而这又会进一步增强他们认为没有什么能帮助他们的想法，并因此而停止锻炼。Brenes 博士解释这就好像是一种自我满足的消极预言。

这项研究充分说明了悲观消极的人生观的确会影响一个人的健康。在面对疑病问题时，我们也需要意识到消极态度的负面影响，改变问题不可战胜的想法以及灾难化的思维模式。

世界卫生组织提出健康的定义是，健康不仅是没有疾病，而且要保持身体、心理和社会适应上的完好状态，并指出影响健康和寿命的四大基本因素是：遗传占15%，环境因素占17%（其中社会环境占10%，自然环境占7%），医疗条件占8%，个人生活方式和心态占60%。所以说，自己才是健康的主人，最好的医生是自己，最大的敌人也是自己。

人要有一个好身体，首先必须拥有一个好心态，尤其是疑病症患者，所谓“病由心生”，有研究表明，几乎所有有疑病倾向的人，都与心态有关。

心态好的人不以物喜，不以己悲，达观大度，坦然面对，知足常乐，因此，生活过得轻松惬意，快乐幸福；而心态不好的人，一旦欲望不能得到满足或遇到不顺心的事，就愤世嫉俗，牢骚满腹，怨气冲天。这些人老是为权所累，为名所累，为利所累，为一切不顺心的事所累，成天生活在沮丧、懊恼、苦闷、抱怨之中。这不仅不利于正常的工作和生活，而且会影响身心健康，导致疑病，甚至会毁了自己的一生。

积极的心态对健康、生活都起着重要的作用。在积极的心态下，人的身体能把自身各系统、各层次、各方面的免疫力、抵抗力充分调动整合起来，形成极为强大的对付各种细菌、病毒、癌细胞的综合抵抗能力，全身生理机能稳定，所以积极的心态会促进你的心理健康和生理健康，延长寿命；而消极的心态或坏心情会使人的各项指标急速降低，外在的表现就是情绪低沉，萎靡不振，心跳无力，抵抗和免疫力下降，极易染上疾病，甚至增加疑病的几率。足见，消极的心态会逐渐破坏健康和生命。为了获得健康与活力，必须选择积极的态度：创造、热情、爱、信念、希望；抛弃那些消极的态度：憎恨、恐惧、不安、愤怒、忧虑。

（二）积极心态的重要意义

【故事】

有一位法国人，42 岁了仍一事无成，他认为自己简直倒霉透了：离婚、破产、失业……他不知道自己的生存价值和人生的意义。他对自己非常不满，变得古怪、易怒，同时又十分脆弱。

有一天，一位吉普赛人在巴黎街头算命，这位法国人随意一试，哪知吉普赛人看过他的手相之后，说："您是一位伟人，您很了不起！"

"什么？"法国人大吃一惊，"我是位伟人，你不是在开玩笑吧?!"

吉普赛人平静地说："您知道您是谁吗？"

"我是谁？"法国人暗想，"是个倒霉鬼，是个穷光蛋，我是个被生活抛弃的人！"但他仍然故作镇静地问："我是谁呢？"

"您是伟人！"吉普赛人说，"您知道吗，您是拿破仑转世！您身上流的血，您的勇气和智慧，都是拿破仑的啊！先生，难道您真的没有发觉，您的面貌也很像拿破仑吗？"

"不会吧……"法国人迟疑地说，"我离婚了……我破产了……我失业了……我几乎无家可归……"

"嗨，那是您的过去！"吉普赛人只好说，"您的未来可不得了！如果先生您不相信，就不用给钱好了。不过，五年后，您将是法国最成功的人啊！因为您就是拿破仑的化身！"

法国人表面装作极不相信地离开了，但心里却有了一种从未有过的伟大感觉。他对拿破仑产生了浓厚的兴趣。回家后，法国人就想方设法找与拿破仑有关的一切书籍著述来学习。渐渐地，他发现周围的环境开始改变了，朋友、家人、同事、老板，都换了另一种眼光、另一种表情对他。事情开始顺利起来。后来法国人才领悟到，其实一切都没有变，是他自己变了：他的胆魄、思维模式都在模仿拿破仑，就连走路说话都像。

13年以后，也就是在这位法国人55岁的时候，他成了亿万富翁，法国赫赫有名的成功人士。

是什么让一个倒霉鬼、穷光蛋、被生活抛弃的人变成了法国赫赫有名的成功人士？

是那位吉普赛人吗？

吉普赛人的出现固然重要，而若没有法国人内心的触动和转变，相信这个“伟人”的预言也就如石沉大海一般，杳无踪影，难以实现。换句话说，我们每个人内心中都有这样一位“吉普赛人”，关键是你是否愿意倾听他的声音，是否愿意相信他所说的，并为此采取行动。所以说，真正能够帮助这个法国人转变的是他自己，是他选择的一种积极思维和行动。

积极的心态产生积极的思维和行动，乐观热忱的心态，就是心灵的营养，使心灵健康，这样的心灵成就财富、成功、快乐和健康的身体。有疑病倾向的人尤其应该保持积极心态。

1. 苦恼或愉快取决于心态

【故事】

古时有一位国王，梦见山倒了，水枯了，花也谢了，便叫王后给他解梦。王后说：“大事不好。山倒了指山河要倒；水枯了指民众离心，君是船，民是水，水枯了，船也不能行了；花谢了指好景不长了。”国王惊出一身冷汗，从此患病，且愈来愈重。一位大臣参见国王，国王在病榻上说出他的心事，哪知大臣一听，大笑说：“太好了，山倒了指从此天下升平；水枯了指真龙现身，国王，你是真龙天子；花谢了，花谢见果子呀！”国王听了全身轻松，很快痊愈。

美国成功学学者拿破仑·希尔关于心态的意义说过这样一段话："人与人之间只有很小的差异，但是这种很小的差异却造成了巨大的差异！很小的差异就是所具备的心态是积极的还是消极的，巨大的差异就是成功和失败。"是的，一个人面对现实所持的心态往往决定他一生的命运。

积极的心态有助于人们克服困难，使人看到希望，保持进取精神和旺盛的斗志；消极心态使人沮丧、失望，对生活和人生充满抱怨，自我封闭，限制和抹杀自己的潜能。积极的心态创造人生，消极的心态消耗人生。研究人员发现，即使所有人的生活环境都一样，但总有一些人会比其他人多十倍的疑虑，但我们可以采取一些措施去控制疑虑过多的问题，换句话说，其实我们可以选择性地担忧，而选择性地担扰会在一定程度上减少疑病的发生。

☞【小游戏：从图中你看到了什么？】

在下图中，你看到了一个优雅的女孩还是一个老巫婆？

你的答案是什么？请写下来。

____

可能你现在还很纳闷，我只看到了其中一个，能看出另外的一个人物吗？

接下来，我们一起看看分解图片：

在这幅图中，我们可以看到一个耳朵上戴着耳环、脖子上戴着项链的优雅女孩。

而在这幅图中，当我们把女孩的耳朵部分看作是眼睛，脸部轮廓看作是大鼻子，脖子项链部分看作是嘴巴，那么我们就能够看到一个

丑陋的老巫婆形象。

这幅图在心理学中我们称之为“两可图”，当我们从不同的视角去看，便能看到不同的人物形象。在生活中其实也是一样，不同的认知方式和不同的心态便导致不同的结果。

2. 积极乐观的心态能帮我们渡过困境

【故事】

一艘开往英国的船，途中忽然碰到狂风暴雨的袭击，船上的人都惊慌失措，却看到一位老太太非常镇静地在祷告，眼神显得十分安详。风浪过后，有人十分好奇地问老太太：“你为什么一点都不害怕呢？”老太太说：“我有两个女儿，大女儿戴安娜已经去了天堂，小女儿玛丽亚就住在英国。刚才风浪大作的时候，我就向上帝祷告：假如接我往天堂，我就去看看戴安娜；假如留我在船上，我就去看玛丽亚。不管往哪儿，我都可以和我心爱的女儿在一起，我怎么会害怕呢？”

正所谓“祸兮，福之所倚；福兮，祸之所伏”，在挫折和不幸抑或灾难和恶运降临的时候，我们千万不要被悲观的心态所俘虏。我们固然左右不了外部的世界，但是我们可以把握自己的心态；把握住了自己的心态，就是把握住了一个美丽而安宁的精神世界。面对困境时的心态是决定我们成功或失败的关键。对待疑病时也是如此。

乐观的心态，有助于改变现状，摆脱困境；而悲观的心态，于事无补，会使结果更加恶化。最经典的毛驴落井的故事，向我们充分展示了这一点。

【故事】

一头驴子掉进了一口枯井，它哀怜地叫喊求救，期待主人把它给救出来。驴子的主人召集了数位亲邻出谋划策，还是想不出好的办法搭救驴子。最后大家决定，反正驴子已经老了，而且这口枯井早晚也是要填上的。于是人们拿起铲子，开始填井。当第一铲土落到枯井时，驴子叫得更恐怖了，它显然明白了主人的意图。当又一铲土落到枯井中，驴子出乎意料地安静了。人们发现，此后每一铲土落到它背上的时候，驴子没有哀叫求助和一味地抱怨主人，而是冷静地在做一件令人惊奇的事情，它努力抖落背上的土，踩在脚下，把自己垫高一点。人们不断把土往枯井里铲，驴子也就不停地抖落身上的土，使自己再升高一点。就这样，驴子慢慢地升到枯井口，在旁人惊奇的目光中，潇洒地走出了枯井。

因此，在困境、挫折面前，以乐观的心态对待问题，并运用自己的聪明，通过自己的行动来改变现实，这才是真正明智的做法。所以，当我们陷进困境时，及时转变观念，看到问题或者事情的积极面，以积极心态面对困境，从恐慌、痛苦中摆脱出来，就能找到自救的办法。

3. 不同的心态决定不同的人生

【故事】

雨后，一只蜘蛛艰难地向墙上已经支离破碎的网爬去，由于墙壁湿润，它爬到一定的高度，就会掉下来，它一次次地向上爬，一次次地又掉下来……

第一个人看到了，他叹了一口气，自言自语：“我的一生不正如这只蜘蛛吗？生活忙忙碌碌而无所得。”于是，他日渐消沉。

第二个人看到了，他心想：这只蜘蛛真愚蠢，为什么不从旁边干燥的地方绕一下往上爬？我以后可不能像它那样愚蠢。于是，他变得聪明起来。

第三个人看到了，他立即被蜘蛛屡败屡战的精神感动了。于是，他变得坚强起来。

世间万事万物，我们都可以用两种观念看它：积极的或消极的。这就像钱币，一正一反一样。但该怎么看，就是心态，它完全决定于你自己的想法。好的心态可使人欢快进取、有朝气、有精神；消极的心态则使人沮丧、难过、没有主动性。

有一位老师让学生在课堂上写出自己讨厌的事物的让人喜欢的一面，结果每位同学都能找到自己讨厌的事物中很多好的地方。例如：生病能让我们增强抵抗能力，让我们懂得珍惜身体，让我们有决心改掉不良的作息；排队能让我们锻炼耐心，让我们学会克己，让社会更加有序……所以事情本身并无好坏，关键看你用什么心态去面对它。

(三) 心态自我检查

乐观通常被认为是一种性格特点，实际上这只是人的一种态度表现。任何事物都有两面性，所谓乐观的态度便是看问题主要看到了好的方面所致，而所谓的悲观态度则是更多看到了糟糕的方面所致；结果就是乐观的人觉得生活很幸福，没有什么难题需要处理，而悲观的人则整日忧心忡忡，觉得快给麻烦压得喘不过气来了。

由此可以看到，乐观和悲观也是一种情绪特征，因为任何态度都是一种选择，任何选择都是情绪支配的结果，而真正客观理性的方式是不含有情绪的。理性的人追求的不是快乐，也不被问题所震惊，他们只是寻求事物的真相和本质。幸运的是能够完全做到理性的只有机器而非人类，因此人类仍旧可以被分类为乐观的人和悲观的人。需要强调的是，没有哪一类人是好的或不好的，作为态度而言，人们很容易改变，从悲观变得乐观或者反之，都要比人们想象得简单。只是，人们通常都会爱上自己的乐观或者悲观，并不愿意改变自己观察这个世界的方式。

一般来讲，疑病症患者人格特征更倾向于敏感、多疑、主观、固执、谨小慎微，对身体过分关注，要求十全十美。这种性格特征的人通常都会出现心态问题，例如悲观，他们很容易把身体的轻微问题进行严重化解释，对自己身体的变化特别警觉，在正常人看来微不足道的身体功能的任何微小变动如心跳、腹胀等，都会使他们特别关注，不自觉地加以夸大或曲解，成为患有严重疾病的证据。而且他们很容易自我封闭，陷于苦恼和纠结中，总是看到事情不好的一面，对生活缺乏满意感，久而久之心态也会越来越消极，越来越缺乏感受幸福的能力。

【测试】

你是乐观主义者还是悲观主义者?

通过接下来的这个测试，可以帮助你了解，自己对待生活究竟是乐观的，抑或是悲观的？

请回答以下的问题。请在每项问题后的括号里面写上“是”或“否”。

1. 如果半夜里听到有人敲门，你会以为那是坏消息，或有麻烦发生了吗？(　)

2. 你随身带着安全别针或一条绳子，以防万一衣服或别的东西裂开了吗？(　)

3. 你跟人打过赌吗？(　)

4. 你曾梦想过中了彩票或继承一笔大遗产吗？(　)

5. 出门的时候，你经常带着一把伞吗？(　)

6. 你把收入的大部分用来买保险吗？(　)

7. 度假时，你曾经没预定旅馆就出门了吗？(　)

8. 你觉得大部分的人都很诚实吗？（ ）

9. 度假时，把家门钥匙托朋友或邻居保管，你会将贵重物品事先锁起来吗？（ ）

10. 对于新的计划，你总是非常热衷吗？（ ）

11. 当朋友表示一定奉还时，你会答应借钱给他吗？（ ）

12. 大家计划去野餐或烤肉时，如果下雨，你仍会照原定计划准备吗？（ ）

13. 在一般情况下，你信任别人吗？（ ）

14. 如果有重要的约会，你会提早出门，以防塞车、抛锚或别的状态、情况发生吗？（ ）

15. 如果医生叫你做一次身体检查，你会怀疑自己可能有病吗？（ ）

16. 每天早晨起床时，你会期待又是美好一天的开始吗？（ ）

17. 收到意外的来函或包裹时，你会特别开心吗？（ ）

18. 你会随心所欲地花钱，等花完以后再发愁吗？（ ）

19. 上飞机前，你会买旅行保险吗？（ ）

20. 你对未来的十二个月充满希望吗？（ ）

☞【评分标准】

回答“是”为1分，“否”为0分，请计算一下你的得分。

如果你的分数是0～7分，你是个标准的悲观者，看人生总是看到不好的那一面。身为悲观者，唯一的好处是，由于你从来不往好处想，所以你也就很少失望过。然而，以悲观的态度面对人生，却有太多的不利；你随时会担心失败，因此宁愿不去尝试新的事物，尤其当遇到困难时，你的悲观会让你觉得人生更灰暗、更无法接受。悲观会使人产生沮丧、困惑、恐惧、气愤和挫折的心理，也很容易滋生疑病倾向。解决这种状况的唯一办法，是以积极的态度来面对每一件事或每一个人，即使你偶尔仍会感到失望，但逐渐地，你会对人生增加信心，胜过原来消极态度带给你的影响。

如果你的分数是 8 ~ 14 分，你对人生的态度比较正常。不过，你仍然可以更进一步，只要你学会怎样以积极和乐观的态度来应付人生中无法避免的起伏情况。

如果你的分数是 15 ~ 20 分，你是个标准的乐观主义者。你总是看到人生好的那一面，将失望和困难摆到旁边去。乐观，使人活得更有劲，不过，要记住，有时候过分乐观，也会造成你对事情掉以轻心，结果反而误事。

【测试】

生活满意度评定量表（LSR）

生活满意度是个人依照自己选择的标准对自己大部分时间或持续一定时期生活状况的总体性认知评估，它是衡量某一社会人们生活质量的重要参数。该量表是美国 Neugarten 等人编制的，生活满意度是个体基于自身设定的标准对其生活质量所作出的主观评价，即个体依照自己选择的标准对自己大部分时间或持续一定时期生活状况的总体性认知评估，包括对过去、现在、未来生活的评价及展望。生活满意度是指个人生理、心理和社会的良好状态及幸福感、满足感，是生活质量的重要标志之一，与人们的心身健康状况密切相关。

☞【生活满意度指数 A】

下面的一些陈述涉及人们对生活的不同感受，请仔细阅读这些陈述，如果你同意这种观点，就记录“√”，如果不同意该观点，就记录“×”，如果无法肯定是否同意，则记录“?”，请务必回答每一个问题。

1. 当我老了以后发现事情似乎要比原先想象得好。
2. 与我所认识的多数人相比，我更好地把握了生活中的机遇。

3. 现在是我一生中最沉闷的时期。

4. 我现在和年轻时一样幸福。

5. 我的生活原本应该更好些。

6. 现在是我一生中最美好的时光。

7. 我所做的事情多半是令人厌烦和单调乏味的。

8. 我估计最近能遇到一些有趣的和令人愉快的事。

9. 我现在做的事和以前做的事一样有趣。

10. 我感到老了，有些累了。

11. 我感到自己确实上了年纪，但我并不为此而烦恼。

12. 回首往事，我相当满足。

13. 即使能改变自己的过去，我也不愿有所改变。

14. 与其他同龄人相比，我曾做出过较多愚蠢的决定。

15. 与其他同龄人相比，我的外表较年轻。

16. 我已经为一个月甚至一年后该做的事制定了计划。

17. 回首往事，我有许多想得到的东西均未得到。

18. 与其他人相比，我遭遇失败的次数太多了。

19. 我在生活中得到了相当多我所期望的东西。

20. 不管人们怎样说，许多普通人是越过越糟，而不是越过越好了。

☞【评分标准】

题项 1、2、4、6、8、9、11、12、13、15、16、19 为正向记分项目；

题项 3、5、7、10、14、17、18、20 为反向记分项目。

分数越高说明生活满意度越高。

☞【生活满意度指数 B】

请依次回答下列问题，根据自己的回答，将对应的分数记录下来。

1. 你这个年纪最大的好处是什么？

积极的答案……1 分

没有任何好处……0 分

2. 今后五年你打算做什么？你估计今后的生活会有什么变化？

变好，或无变化……2 分

无法预料，各种可能性都有……1 分

变坏……0 分

3. 你现在生活中最重要的事情是什么？

任何自身之外的事情，或令人愉快的对未来的解释……2 分

维持现状，保持健康或工作……1 分

摆脱现在的困境，或目前什么重要的事情也没有，或提起以往的经历……0 分

4. 与早期的生活相比，你现在是否幸福？

现在是最幸福的时期；过去和现在同样幸福；或无法比较出何时更幸福……2 分

最近几年有些不如从前了……1 分

以前比现在好，目前是最糟糕的时期……0 分

5. 你是否曾担心人们期望你做的事情，你却不能胜任，或无法满足人们对你的要求？

不曾担心……2 分

略有些担心……1 分

担心……0 分

6. 如果你想怎样就能怎样，那么你最喜欢生活在哪里（国家名)？

目前所在地……2 分

任何地方都行……1 分

任何其他地方……0 分

7. 你感到孤独的时间有多少？

从未有过……2 分

有时……1 分

经常……0 分

8. 你感到生活无目的的时间有多少？

从未有过……2 分

有时……1 分

经常……0 分

9. 你希望将来与好朋友在一起的时间更多一些，还是自己独处的时间更多一些？

现在这样很好……2 分

与朋友在一起的时间更多一些……1 分

自己独处的时间更多一些……0 分

10. 你在目前的生活中发现多少不幸的事情？

几乎没有……2 分

有一些……1 分

许多……0 分

11. 当你年迈之后，事情比原先想象得好还是不好？

好……2 分

和预期的差不多……1 分

不好……0 分

12. 你对自己生活的满意程度如何？

非常满意……2 分

相当满意……1 分

不太满意……0 分

☞【评分标准】

将每一题的得分加总，总分在 0 ~ 23 分之间，分数越高满意度越高。

生活满意度是反映个体生活质量的重要心理学参数，通过以上的测试，你可以比较直观地了解自己的心态倾向以及对待生活的态度，如果测试情况良好，您大可不必为疑病忧虑，倘若结果不理想，那么请关注以下塑造好心态的方法。

(四) 塑造好心态

1. 反面法，学会调节

所谓反面法，就是从事物的另一面去考虑，充分发掘积极的因素，抑制消极的因素。多从好的方面去看待生活，尽力使心态放松，保持宁静的心境。幽默是最有效的抑制消极心态的方法。有一位应届大学毕业生，面试时拿着一份分数较低的成绩单，当被问到对此成绩单作何感想时，他说，高分意味着期望值较高，而低分则会保持一颗踏实的心。这位毕业生能辨证地看问题，想的不是成绩差肯定不行，而是从另一个角度认识到自己的优势——踏实。有一首歌叫做《我很丑，可是我很温柔》，也是一种反面的说法。当你运用反面法幽自己一默时，你会发现，事情其实没有想象的那么糟糕，你会觉得自己更有勇气面对困难。

生活是千变万化的，悲欢离合，生老病死，天灾人祸，喜怒哀乐，都在所难免。一次考试的失利，一次情侣的误会，一句过激的话语，都会影响我们的心情，生活中的不顺心事总是很多的，这就需要每个人学会调节，最简单有效的做法——用积极的暗示替代消极的暗示。当你想说“我完了”的时候，要马上替换成“不，我还有希望”；当你想说“我不能原谅他”的时候，要很快替换成“原谅他吧，我也有错呀”等。平时要养成积极暗示的习惯。要对自己说“我能行”，“太好了”。如果把这两句话变成口头禅，那真是太好了。是的，一定要学会积极暗示，光明思维，换位思考，多角度思考。“冬天到了，春天还会远吗?”“不经一番风霜苦，哪得梅花扑鼻香?”

同时，应该庆幸现在所拥有的一切，并乐在其中。如此，一种活着即是幸福的感激之情也会油然而生，对生活中不顺心的事情也会看淡很多。

2. 看好自己

要学会自信。自信是快乐的源头，自信是人生的基石，对于疑病的人尤其如此。惟有自信，才能在困难与挫折面前保持乐观，从而想办法战胜困难与挫折。

一般而言，当自我感觉良好时，你会觉得满怀自信、情绪高昂；如果自我感觉不好，你会觉得一切都是灰色的。自卑就是自我感觉不好的心态，自卑的人总是觉得别人都比自己好。所谓看好自己，就是"认为自己很不错"。这个技巧的主要手段是塑造良好的形象。因为当你自我感觉形象不错时，往往你就拥有了自信的心态。

我们每个人都想自信，可有些人就是自信不起来。其实，不自信的根源是不相信自己，只是盯着自己的缺点、短处，没有看到自己的优点、长处，没有去发现、发掘自己的潜能。传统的教育思想与落后的人文观念使得很多人用僵化的目光去看待现实中的人和事，认为是很难改变的。实际上，世界上没有一成不变的人与事，发展变化是永恒的。人，各有所长，各有所短，每个人都有自己的无限潜能。不能光盯着自己的缺点、短处和现在，而要学会欣赏自己，多看优点、长处和未来，做一个自信的人。不要总拿自己的缺点跟人家的优点比，那样真是人比人，气死人。平时一定要学会悦纳自己、勉励自己，积累自己的成功体验和经验，坚持写日记，写摘抄；把自己的优点罗列在纸上，同时写一两句能激励自己的名言警句或是座右铭，贴在墙上等随处可见的地方，激励自己。总之，要想办法让自己自信，自信就能乐观，乐观就能发掘自己的潜能，让自己更自信，形成一个良性循环，就一定能远离疑病倾向，收获美好人生。

3. 享受简单的快乐

因为简单所以快乐。

有个小孩对母亲说："妈妈你今天好漂亮。"母亲问为什么，小孩说："因为妈妈今天都没有生气。"原来要拥有漂亮很简单，只要不生气就可以了。

有一支淘金队伍在沙漠中行走，大家都步伐沉重，痛苦不堪，只有一个人快乐地走着，别人问："你为何如此惬意？"他笑着回答："因为我带的东西最少。"原来快乐很简单，拥有少一点就可以了。

到公园里晒晒太阳，感受阳光的温暖；到海边去吹吹风，感受大海的磅礴；到街上看看行人，感受那份独来独往的清闲……

那些在公园里的孩子，滑梯上、绿荫下，嬉戏玩耍，脸上个个洋溢着快乐的笑容；那些在海边奔跑嬉戏的年轻人，脚踩细沙，迎风踏浪，脸上是满满的喜悦和兴奋；那些在小径上缓缓走着，互相搀扶，边走边聊的老人，脸上绽开的是平和的笑容。

4. 加强体育锻炼

拥有健康的身体是保持良好心态的前提。现代人工作繁忙，身心经常会有透支情况。那么，怎样使身体放松，并恢复良好的心态呢？在被问到"下班之后有何消遣"这个问题时，很多人可能会回答：睡觉、打牌。他们认为这两种方式能够很好地放松自己。但实际上，这是消极的放松方式。睡懒觉可能会越睡越累，打牌也是很耗费精神和体力的一件事。这里提倡的是积极的放松，也就是体育锻炼。事实证明，体育锻炼对精神状态起着很大的作用。加强体育锻炼也可增强有疑病倾向的人的机体抵抗力。

5. 把积极态度给予他人

关心你周围需要帮助的人，把积极态度给予他们，对他人保持宽容、感恩的心态，你自己也会从中获得积极的态度，而这样的积极态度是提升生活满意度和幸福感的保障。例如，你向他人微笑时，他人也会笑脸相对，双方都获得好心情。发挥心理上的投射作用是有疑病倾向的人获得自信的有效途径。

心理学家最新研究发现，最快乐的人身边总是不乏家人和朋友，他们不关心自己是否能跟得上富有的邻居的脚步，最重要的是，他们有一颗宽恕的心，密歇根州大学的心理学家克里斯托弗·皮特森认为，宽恕与快乐紧紧相连。快乐的人以家人、朋友为中心，而那些不快乐的人在生活中，时不时地冷落了这些东西，在这个时候他们就会倍感孤单。还有一项心理学研究显示，把自己感激的事物说出来和写出来能够扩大一个成年人的快乐。感激自己健康地活着，感激自己是自由的，感激自己还有一个美好的未来，感激过去他人赠予你的一切。当我们拥有积极的心理和社会机能时，能保持乐观、宽容、感恩、积极的心态，我们就更加容易感受到幸福。

【阅读】

幸福谁说了算

2008年，北京市统计局首次将反映居民幸福感的“幸福指数”列入“和谐社会评价指标体系”。该指数与居民个人收入、工作、居住条件、人际关系及综合评价等方面息息相关。在GDP高增长的今天，人们开始努力寻求走上一条和谐的快乐之路。如何才能让我们的明天更加幸福和快乐？

谁对生活幸福说了算？

第二次世界大战后，幸福感和生活满意度成为非常流行的研究，像美国盖洛普公司等一些大的调查公司，会定期调查公众的生活满意度和主观幸福感，开始富裕的人们对生活质量的关心胜过对财富的关心。而生活幸福不幸福，经济学家说了不算，心理学家说了也不算，只有生活的本人说了算，而个人感受是生活质量好与坏的基本内容。

1969年美国心理学家布莱德本的一个研究寓意深刻：愉快和不愉快的情绪体验是两个独立的变量，即不像人们以前认为的是相反的情绪，当一个人不愉快减少后，充其量也只是不那么痛苦了，但不那么痛苦不一定意味着愉快感会增强。这个研究的划时代意义是证明了单纯减少不快乐不能增强幸福感。

有了钱人自然就会幸福吗？

现代研究幸福的心理学家认为，美好生活的实质因素是一个人热爱自己的生活。主观幸福感就是一个具体的指标，它包括愉快的情绪体验和生活的满意度评价。主观幸福感高指两件事：一是愉快的情绪体验较多，不愉快的情绪体验较少；有较高的生活满意度。体验是一个主观性的感受，所以，幸福感也叫做主观幸福感。传统观念对于幸福的理解较为简单，认为有钱就有幸福，俗话说“有钱能使鬼推磨”，金钱崇拜成为一只看不见的手，推动着人的行为。在一个物质相对匮乏的阶段，这种幸福观是有道理的，因为大多数人还没有体验到有钱后的相对自由和舒适，而当有了一些钱后，人们最初会感觉到幸福，但随着社会的发展，人们发现单纯的金钱买不来幸福。现代幸福感的建立正是随着对于金钱幸福观的批判开始的。虽然没有钱是万万不能的，但钱也不是万能的。过去世界各国都以 GDP 决定一国贫富，现在已经受到广泛的质疑。以美国为例，和 20 世纪 60 年代比较，如今平均家庭收入的购买力已增两倍，1/3 的家庭有 3 部汽车，但幸福指数只增加了一点点。

金钱与幸福

挣钱只是手段，其根本目的是为了生活得更幸福。曾经有一个印第安部落长者，边晒着太阳边快乐地编着草帽，一位美国商人想买他手中的草帽，问多少钱一个，长者回答 5 美元卖给你。过了一个星期，这个美国商人回来说，你的草帽很受欢迎，我要订 100 个，总共多少钱？长者迟疑了一下，回答说那你每个就给 10 美元吧。美国商人不能理解，买多应该是批发价呀，为什么反而还更贵了？长者笑着说，我沐浴在阳光下编一个草帽，是一种享乐，而你让我编100个，我就要赶时间，受累，精神上非常痛苦，所以，你必须付给我更多，以弥补我失去的精神快乐。归根结底，人良好的情绪体验和精神幸福比有形的金钱更具有价值。

婚姻与幸福

俗话说，婚姻是一座围城，有的人想进去，有的人想出来。根据美国对35000人的调查，已婚的人中有42%的人认为生活非常幸福，而没结婚的、离异的和配偶去世的人中，认为生活非常幸福的比率只有24%。总体上可以说，在婚的人比非在婚的人更加幸福。

年龄与幸福

年轻不像过去那样重要了，一项权威的研究考查了不同国家的60000多人，将满意分为生活满意、愉快心情和消极心情三个方面，研究发现，生活满意度随着年龄的增加而增加，消极的心情不随着年龄的变化而变化。

社交与幸福

塞利格曼的研究表明，10%最幸福的人虽然形形色色，但是他们的一个共同特点是具有丰富的社交生活，他们区别于不幸福的人的一个标志即愿意与他人分享生活，而不是一个人独处。这一点与婚姻有点相似，一个喜欢与他人在一起的人，愿意结婚；而一个愿意独处的人不倾向于结婚。可以说一个幸福的人是一个爱交往的人，具有丰富的社交生活。

学会感激生活，享有幸福

幸福感与个人的心理状态、心理机能和素质有关。如何才能发展有利于感受到幸福感的心理机能？狭义的幸福感是指我们良好的情绪体验和生活满意度，但还有一种广义的幸福感，即认为幸福感还包括一个人积极的心理机能——也许生活永远尚具有不如意的方面，也许需求永远不会完全得到满足，但当具有积极的心理机能后，我们更加容易感受到幸福，也更加容易对生活充满感激。

第六章

疑病的心理调适

疑病性神经症患者往往存在很多躯体症状，适当使用药物的对症治疗是必要的，但患者对药物较敏感和怀疑，因此用药时一定要给患者做恰当的解释，使其既不完全依赖药物，又对药物有良好的接受性，这样才能取得好的治疗效果。同时应该提出的是药物治疗和心理治疗要综合应用，以心理治疗为前提和主要手段，治疗过程中要善于把握患者的心理良性互动时机，充分利用综合心理治疗的手段，使患者达到躯体、心理全面康复。

疑病作为一种“有问题的心理倾向”，更重要的是依靠心理治疗，俗话说“心病还需心药医”。

法国的一位精神病医师曾经在治疗一位极严重的抑郁症女士的过程中，一直不间断地给病人施药，最后，这位重度抑郁症患者获得了精神心灵康复，抑郁消除，又重新投入生活的怀抱了。学者很自然地认为：是药物，一种新的抗抑郁药物治愈了这位患有严重抑郁的女士。然而，事实上这位患有严重抑郁，现在已经康复的女士压根就没服用一颗所谓新生产上市的抗抑郁药。所有的药丸都一颗不少地藏在沙发的角落里。这位法国著名精神病医师惊住了，这位令人敬佩的女士的回答如下：是他，这位法国著名精神病医师，每日对她的微笑、问候、鼓励，帮助、支持了她。

所以采用心理技术和策略走出疑病症的困扰，是目前越来越受到重视的方式，而且也得到实证支持。时下比较流行的认知疗法、行为疗法，也包括森田疗法等，虽然流派并不一样，但宗旨大体一致，都要使病人消除病因，减轻症状，同时帮助病人解决内心冲突的各种心理问题。

一、解开心结，消除疑虑

【故事】

从前，有个做官的人叫乐（yuè）广。他有位好朋友，一有空就要到他家里来聊天儿。有一段时间，他的朋友突然没有来了。乐广十分惦念，就登门拜望。只见朋友半坐半躺地倚在床上，脸色蜡黄。乐广这才知道朋友生了重病，就问他的病是怎么得的。朋友支支吾吾不肯说。经过再三追问，朋友才说："那天在您家喝酒，我看见酒杯里有一条青皮红花的小蛇在游动。当时恶心极了，想不喝吧，您又再三劝饮，出于礼貌，我就闭着眼睛喝了下去。从那以后，我就老觉得肚子里有条小蛇在乱窜，总想呕吐，什么东西也吃不下去。"

当乐广弄清楚其中缘由之后，马上"见招拆招"：用轿子把朋友接到家中，请他仍旧坐在上次的位置上，仍旧用上次的酒杯为朋友斟了满满一杯酒，问道："您再看看酒杯中有什么东西?"那个朋友低头一看，立刻惊叫起来："蛇！蛇！又是一条青皮红花的小蛇!"乐广哈哈大笑，指着壁上的雕弓说："您抬头看看，那是什么?"朋友看看雕弓，再看看杯中的蛇影，恍然大悟，顿时觉得浑身轻松，心病也全消了。

乐广的朋友就是因为产生了"心结"，患上了"病"。面对这样的疑病症，找准根源，消除心结，心病自然也就消除了。

【故事】

《古今医案》中也曾记载过一位名叫朱洪元的秀才，因疑心消除而祛除病症的故事。朱洪元在考试落第后独自饮酒消愁，喝得酩酊大醉，半夜口渴起床，见院中石槽内有水，就猛喝一气。天明以后才发现石槽的水里有很多红色小虫，心想自己喝下不少，从此日日怀疑，总认为虫已进肚繁殖，逐渐患上“萎膈”症，接连看了几个医生都未能治愈。

后来听说有位道士医术神奇，就请来为其诊治，道士知其病由疑心所致，即把一条红线剪成小虫一样长短，再用巴豆两粒与饭同煮，做成药丸让秀才吃下，随后腹泻，排泄之物内有许多“小红虫”，道士告诉他，小虫已全部泄出，你的病很快就会好了，结果这位秀才疑心顿消，症状便开始缓解，后渐渐痊愈。

【故事】

《儒门事亲》记载，王德新的妻子旅途中，在旅舍的楼上住宿，夜逢盗贼烧房子，因受惊而堕下床来。自此以后，每听到声响，便会受惊昏倒不省人事。家人也只得蹑足而行，不敢贸然弄出声响，逾年不愈。此病经多方医家治疗无效。

后来有高明医师指点王德新，叫人天天在她面前“击窗拍门，使声不绝”，刚开始其妇大惊，医师说：“我用木头击桌，有何可惊呢?”妇人吓后稍显安定，然后又击桌，惊已显然减缓。又过一会儿，连击三五次，又用木杖击门，又暗中令人击背后的窗子。妇人慢慢从惊恐中平定下来。晚上又敲击其卧房的门窗，从天黑直到天亮，连续几天，太平无事，“患者习以为常”。两月后，虽听雷鸣之声也不惊恐了。

在某些时候，疑病症的心结就是“心理过敏”，面对这样的心结，就需要进行“脱敏”来消除。中国古代医学理论认为，一切疾病，都是因心而生。“吾无病，谁能使之病”，心理疾病是一切疾病的源头。上面这两个故事就是古代医生巧妙使用了系统脱敏技术解除了患者困扰。所谓系统脱敏疗法又称交互抑制法，是指诱导求治者缓慢地暴露出导致神经症焦虑、恐惧的情境，并通过心理的放松状态来对抗这种焦虑情绪，从而达到消除焦虑或恐惧的目的，实现对真实体验不产生“过敏”反应。如果一个刺激所引起的焦虑或恐怖状态在求治者所能忍受的范围之内，经过多次反复的呈现，求治者便不会再对该刺激感到焦虑和恐怖，治疗目标也就达到了。这就是系统脱敏疗法的治疗原理。

例如，女孩过分害怕虫子，可以先与她一般性地谈论虫子，再让她玩一些可爱的仿虫型的布制玩具，然后让其观察一些比较讨人喜爱的虫子，如瓢虫、萤火虫等，进而隔着玻璃观察虫子，最后面对面注视虫子，这样按照刺激强度有弱到强，由小到大，一步一步地训练心理承受能力、忍耐力，增强适应力，消除她对虫子的惧怕反应，这就是系统脱敏。

进行系统脱敏的关键，是建立由低强度到高强度的焦虑刺激等级，上述例子中的几个步骤就是不同程度的焦虑刺激等级，最初的等级（谈论虫子）是低强度的，是柔和的，当女孩适应了这个等级之后，进入下一个等级训练，刺激的强度略微提高，一直到女孩能适应最后的高刺激（面对面看虫子）训练，就达到了脱敏的目的。

对疑病的恐惧也是这样，例如对于社会危机引起的疑病症，可以先将自己担心恐惧的事件，按照焦虑恐惧的程度划分出来不同的层次等级，如0～10分（0为完全不焦虑，10为极其严重的焦虑），比如在脑海中生动形象地想象一下全国各地大面积爆发了非典（焦虑级别2），看看这时候的身体反应和感觉；如果这个时候能够克服对身体的过分关注和敏感，可以去看一下相关新闻报道（焦虑级别4），体会身体反应和感受；如果对这些报道也能“脱敏”了，可以再去看看医院里患者就诊的视频（焦虑级别6），这样一步步地训练脱敏，可以消除因为周围刺激性事件对自身产生的疑病困扰。

俗话说：“疑心生暗鬼”。韩非子也说过：“思虑过度则智识乱”。

我国中医学家经过大量实践证明：过度思虑会伤神致病，引起胸腹痞满，食欲不振，腹胀腹泻，头脑胀痛等。长期思虑过度可造成神经系统功能紊乱，轻者经常失眠、形体消瘦；重者则会神经错乱。心理学中也将“多疑”称之为“心理过敏症”，这类人容易患上偏头痛、高血压，甚至心肌梗塞。

“疑病本来不是病，生起疑病真要命”，怀疑、敏感是一切疑病症罪恶的源泉，它影响了对事物正常的认知能力和判断，影响学习、生活和工作，而且还得背负沉重的压力和矛盾，一是自身无法应对的压力和矛盾，二是反复就医的压力和矛盾，三是被其他人怀疑的压力和矛盾。所以消除心中的“疑虑”，解开疑病的“心结”，是走出疑病困扰的方法之一。

当出现疑虑时，不要总是朝着猜疑的方向思考，而是提醒自己理性一些，问问：为什么我要这样想？理由何在？如果怀疑是错误的，还有哪几种可能发生的情况？在做出决定前，多问几个为什么是有利于冷静思索的。

有些猜疑来源于一些误解，如果是这种情况的话，就应该通过适当的方式，通过与他人的一些沟通交流，了解真实情形，消除误会。当我们做到实事求是，消除敏感，理性思考时，就能轻松打开疑虑的心结，从猜疑的枷锁中解脱出来。

二、自我暗示，放松疗法

【案例】

一位心理学家请两位志愿者做实验，第一次服药时，事先告诉他们，其中一个是致幻剂苯异丙胺，一个是安慰剂。结果，一个特别紧张的人出现了幻觉。然而，实际上两个志愿者服用的都是安慰剂。第二次服药时没有告诉他们是什么药，但所服药量已经很大程度超过了苯异丙胺可以致幻的剂量。结果，两个人都没有出现幻觉。

在第一个实验中，并没有服用致幻剂，然而害怕会出现幻觉的恐惧却轻而易举地制造了幻觉；第二次服药，照常理服用超大剂量致幻剂后应该出现幻觉，然而，两位志愿者在平静的心情下，一个也没出现幻觉。这就是暗示的强大力量，这就叫“怕什么，有什么”，“没什么，就没有”，在这个时候重要的不是外界发生了什么，而是内心中自己相信什么。所以说，暗示应用得好，这种暗示力量便可以形成强大的“安慰剂效应”。曾经有一位科学家做过这样一个实验：在实验对象身上制造疼痛，然后使用吗啡控制这种疼痛。一天这样做几次，连续进行几天，直到实验的最后一天，用生理盐水取代吗啡溶液。结果像吗啡一样，生理盐水也有效地抑制了实验对象的疼痛，这就是“安慰剂效应”。

现实生活中“安慰剂效应”也随处可见，例如几个很少接触乡村环境的城里人到野外郊游，到达山腰时，他们为眼前清澈的泉水、碧绿的草地和迷人的风景所深深吸引。休息时，其中一人很高兴地接过同伴递过来的水壶喝了一口水，情不自禁地感叹道：“山里的水真甜，城里的水跟这儿真是没法比。”水壶的主人听罢笑了起来，说：“壶里的水是城市里最普通的水，是出发前从家里的自来水管接的。”这种现象说明，我们在对现实进行分析的时候，很明显地掺杂了很多个人因素，包括我们的期望、经验和信念等。

美国牙医约翰·杜斯在其27年行医生涯中，就常常遇到这种情况：一些牙痛患者在来到杜斯的诊所后便说：“一来这里我的感觉就好多了。”其实他们并未说假话——可能他们觉得马上会有人来处理他们的牙病了，从而情绪便放松了下来；也可能像参加了宗教仪式一样，当他们接触到医生的手时，病痛便得以缓解了……实际上，这和安慰剂所起的作用大同小异。

这种安慰剂实际上是自己内心的一种期待和暗示，由于疑病症产生的一个重要原因是过分关注，自我暗示，因此我们也可以采取反其道而行之的方法，采用自我暗示、放松疗法来解除症状。下面介绍几种容易出现的疑病症症状的暗示脚本，供大家参考练习。练习之前，选择一个空气清新、四周幽静的良好环境，暂时有意识地放下或忘记自己日常那些学习功课和一般性的工作事务，选择一种自我舒服的姿势，站、坐、躺均可，活动身上一些大的关节与肌肉，不需要规范的或固定的姿势，但速度要均匀、缓慢，直至关节放开、肌肉放松，保持呼吸自然、流畅，尽可能不用意识支配呼吸，并达到在安逸、悠然自得中忘掉呼吸的境界，集中注意力，达到一种清静的清醒状态。先用平和的声调阅读暗示脚本文字，然后闭上眼睛体会下列场景。

1. 癌症疑病暗示

即使当今医学已经比较发达，癌症仍然是世界医学界难以攻克的难题之一。当我们身边的人因为癌症远离我们时，我们总是在伤心绝望的同时又强烈地恐惧着，担心自己也会有这样的一天。尤其是那些对癌症有恐惧心理、性格敏感，容易往自己身上“揽病”的人，心里更是存在着这样的等式——癌症=绝症=死亡。

如果你现在很容易将身体上出现的任何不适都看做是癌症的前

兆，然后惶惶不可终日，那么你可以尝试阅读以下文字，然后静静体会一下……

【暗示脚本】

现在，我处在舒服安逸的状态下……美丽温暖的阳光照耀着我，我的身体很放松，很轻松，我似乎一点都感觉不到身体的疼痛……

慢慢地，我来到一个黑暗深邃的岩洞里，在这里，我能听到水流缓缓流淌的声音，我惊奇地发现这里有平滑光洁的岩石……哦，我知道了，这就是我的身体内部啊……原来我的身体是这样的光洁、健康……其实，所有的检查结果都证实了这一点……医生说我没有癌症，也没有癌症的任何迹象……我知道他们说的都是对的……我以后也会安心了……

现在我坚信这点了……过去自己感觉到这儿痛那儿痛，都是自己太敏感的缘故。其实任何一个正常人都会有这样的现象，这不是病，会很快过去的，我今后不去想它了，不舒适的感觉就会消失了。

我继续往前走，现在我已经感觉到舒适多了，也不再为此而烦恼了，我对自己的健康充满信心……不远处，是一道明媚的阳光，我感觉身体很轻松，我感觉到自己的身体是健康的，身体内部是干净纯澈的……

2. 心脏病疑病暗示

心脏病是心脏疾病的总称，包括风湿性心脏病、先天性心脏病、高血压性心脏病、冠心病、心肌炎等各种心脏病。随着现代生活节奏的加快，竞争日益白热化，人们因为高度紧张、压力过大而可能导致心脏有不适感的体验，如果身边有因心脏病死亡的案例时，更容易怀疑自己得了心脏病。如果你有这方面的困扰，可以试试阅读以下文字，静静体会一下……

【暗示脚本】

一股暖流从我的额头流入我的大脑……大脑一阵温暖舒适……身体内部都开始联系疏通起来……

现在，我开始想象自己有些疲劳和心悸……有些紧张……我觉得自己不能呼吸……放松……深深地吸气……呼气……暖流随着呼吸由大脑进入我的身体，我的身体感到一阵暖和……我发现自己呼吸顺畅，没有任何异常……我知道，是我平日里太劳累的缘故，以后，我会按时休息……

这时心跳不规律，我的脉搏时快时慢，我感到自己都不能控制它的跳动，我觉得很害怕……我深深吸气……呼气……想象自己来到一汪湖水边，湖水清澈见底……我把手伸进湖水，湖水轻轻没过手指，洗涤我的心灵……我觉得心脏在安静稳定地跳动着……我感到我的心脏是强大的、正常的、放松的……

随着湖水的流动，我想象心脏突然停止跳动，我感觉到肌肉异常紧张，我甚至体会到了濒死的感受……就在这时，暖流在慢慢地流入我的心脏，很舒服，我感觉到心脏和血管紧紧地依附在一起……我不再害怕……我感觉到心脏的血液在加快流动，暖流把血液里的毒素都冲走……我的身体越来越放松，我不再紧张，不再害怕……我的心脏又开始正常强大地工作……

3. 性病疑病暗示

受中国传统历史文化的影响，大部分人总是戴着有色眼镜看待患有“花柳病”的人，认为得这种病的人都是一些“不检点”的人，因此性病患者也害怕别人知道自己的过去而产生自卑感，总是感到抑郁，畏惧别人的鄙弃。特别是那些曾经有过不洁性交史，与性病患者有过“亲密接触”者，更是容易深陷恐惧、焦虑、自卑的情绪中无法自拔。

如果已经通过检验排除了性病，对于自己内心的性病疑病心结，可以尝试读读以下的文字。

【暗示脚本】

我很放松……很放松……我现在躺在水清沙白的海滩上，沙子细腻而柔软，阳光暖暖地照在身上，耳边传来海浪轻轻拍打海岸的声音，思绪随着节奏飘荡，涌上来又退下去，感到一阵说不出的舒适……我的头很轻松……脖子很轻松……手臂很轻松……腿脚很轻松……整个人的心灵变得很平静。

思绪把我过去的一幕幕呈现在眼前，我有过不洁性史，因此感染了性病……虽然医生说我已经痊愈了，但我总是疑神疑鬼……担心自己没有痊愈……想到这，我不禁一阵紧张……

其实，我知道我老是怀疑自己没有痊愈是不对的……它总是让我庸人自扰……担心会传染爱人……我害怕她会因此而看不起我……

既然怀疑没有用，那我何必在这件事情上反复纠缠呢？我告诉自己：这是因为我担心失去爱人，所以过度延伸了，这是一种不合理的情绪和想法……

既然这样，我以后就需要换一种思维来思考……

我现在洁身自好，做到了自尊、自爱……我相信医生的检查，他说的是科学的……我的爱人现在身体也很健康，没有任何问题……

以后，只要身体再有不舒服的感觉，我会拍拍手掌让自己的思维停顿下来，提醒自己，这一切都是自己多想了，消除疑虑开心生活……

不要总强调负面结果，当遇到某些问题时，不要总是给自己一些这样的提醒："上次就是因为这些问题出的事"等。因为越是这样，你就会越紧张，而应试试积极的心理暗示，多用一些积极性的暗示，比如："经过了上次的治疗，我的身体已经恢复得很好。"给自己这样的心理暗示，会增强心中的安全感，也会更容易摆脱疑病的困扰。

一位退休职工患过癌症，也曾复发。但他却在 15 年后的今天仍然愉快地活着，他说他战胜病魔的法宝之一就是"积极暗示"。他的具体做法包括三个方面：首先要多回忆过去美好愉快的事，使自己保持平静愉悦的心情。其次是排除杂念，默念良性用语，例如：早晨起床时默念："今天感觉特别好"；吃饭前默念："这饭菜又香又好吃"；睡觉前默念："今晚一定睡得香"；吃药时默念："这药对治病特别有效"等。暗示就像一把"双刃剑"，它可以救治一个人，也可以毁掉一个人，关键在于接受心理暗示的个体自身如何运用并把握暗示的意义。

自我暗示语可以根据自己疑病的情况重新编写，但用语一定要毫不犹豫、直截了当，使自己接受"不必怀疑"的观念，例如："我的身体其实是很好的，这已被所有检查过的和化验过的结果所证实，医生都说自己是没有任何疾病的，现在自己应该坚信这点了。过去自己感觉到这儿痛那儿痛、这儿不舒适那儿不舒适，都是自己太敏感的缘故。其实任何一个正常人都会有这样的现象，这不是病，是一种正常的现象，会很快过去的。我今后不去想它了，不舒适的感觉就会消失了。现在我已经感觉到舒适多了，也不再为此而烦恼了，现在我对自己的健康充满信心。"一般每天自我暗示一次，效果较佳。

三、改变观念，认知疗法

【故事】

有位秀才第三次进京赶考，住在一个经常住的店里。考试前两天他做了三个梦，第一个梦是梦到自己在墙上种白菜，第二个梦是下雨天，他戴了斗笠还打伞，第三个梦是梦到跟心爱的表妹脱光了衣服躺在一起，但是背靠着背。

这三个梦似乎有些深意，秀才第二天就赶紧去找算命先生解梦。算命先生一听，连拍大腿说："你还是回家吧。你想想，高墙上种菜不是白费劲吗？戴斗笠打雨伞不是多此一举吗？跟表妹都脱光了躺在一张床上了，却背靠背，不是没戏吗？"

秀才一听，心灰意冷，回店收拾包袱准备回家。店老板非常奇怪，问："不是明天才考试吗，怎么你今天就要回去了？"

秀才如此这般说了一番，店老板乐了："哟，我也会解梦的。我倒觉得，你这次一定要留下来。你想想，墙上种菜不是高种吗？戴斗笠打伞不是说明你这次有备无患吗？跟你表妹脱光了背靠背躺在床上，不是说明你翻身的时候就要到了吗？"

秀才一听觉得很有道理，于是精神振奋地参加考试，居然中了个探花。

秀才还是那个秀才，梦境还是那个梦境，但是如若没有店老板的另一番梦境的解读，那么这个秀才一定会与探花无缘。

在进行疑病症自查判断时，我们已经思考过这样的一些问题，例如：你怎么察觉和理解你的身体感觉和症状？这个时候你是否发现，你的健康好坏是否绝大部分取决于你的想法？你是不是对生病或将要生病过于担忧？你身体出现了哪些症状，为什么你认为这预示你患有疾病？正如里尔克在《给青年诗人的信》中所写的那样：“也许你一直感觉不满足、不快乐、不健康、无所依靠，或者，你也许只是想从生命中得到更多。若是如此，你可能已经试图从许多方面寻求解决之道。我们相信你可以更健康、更快乐，感觉与一切生命有联系。这是可以做到的，就在你这一生，就在你目前的工作与人际关系中。你不需要改变外在的世界，你所需要的改变是内在的——关键就在于你自身。”

如果当你开始思考这些问题的时候，我们建议你用另一种方式来理解导致你担心的身体感觉。因为我们认识的方式不同，结果也会不同，也许你的身体感觉只是因为你的“想法”而来，如每个人对“医院是什么地方”的看法不同，关键不在“医院”客观上是什么，而是被不同的人认知成什么，从而影响每个人不同的行为反应。

20 世纪 50 年代美国心理学家阿尔伯特·艾利斯提出了合理情绪疗法。他认为，每当我们心烦意乱的时候，并非是我们生活中的事情本身困扰导致的，这是由我们持有的一些导致抑郁、焦虑、暴怒等不良情绪的信念导致的，这个观点最初是由哲学家埃皮克提图在两千年前阐述的：困扰人的不是事情本身，而是我们对它们的看法。

艾利斯对人的本性的看法可归纳为以下几点：

（1）人既可以是理性的、合理的，也可以是非理性的、不合理的。当人们按照理性去思维、去行动时，他们就会很愉快、富有竞争精神及行动有成效。

（2）情绪是伴随人们的思维而产生的，情绪上或心理上的困扰是由于不合理的、不合逻辑的思维所造成。

（3）人具有一种生物学和社会学的倾向性，倾向于其有理性的合理思维和非理性的不合理思维。即任何人都不可避免地具有或多或少的不合理思维与信念。

（4）人是有语言的动物，思维借助于语言而进行，不断地用内化语言重复某种不合理的信念，这将导致无法排解的情绪困扰。

（5）情绪困扰的持续，实际上就是那些内化语言持续作用的结果。正如艾利斯所说："那些我们持续不断地对自己所说的话经常就是，或者就变成了我们的思想和情绪。"

为此，艾利斯宣称：人的情绪不是由某一诱发性事件的本身所引起，而是由经历了这一事件的人对这一事件的解释和评价所引起的。这就成了ABC理论的基本观点。在ABC理论模式中，A是指诱发性事件；B是指个体在遇到诱发事件之后相应而生的信念，即他对这一事件的看法、解释和评价；C是指特定情景下，个体的情绪及行为的结果。通常人们会认为，人的情绪及行为反应是直接由诱发性事件A引起的，即A引起了C。ABC理论则指出，诱发性事件A只是引起情绪及行为反应的间接原因，而人们对诱发性事件所持的信念、看法、解释B才是引起人的情绪及行为反应的更直接的原因。

例如，你的老板误解你在工作上中饱私囊了，并辱骂你，威胁要炒你鱿鱼（这是诱发性事件A），这时你相信："她没有权利指责我，她是个泼妇!"（这是在遇到诱发性事件之后产生的信念B），于是你感到很生气（这是由信念引起的情绪反应C）。假如，此时你有一个不同的信念，你相信："我不能丢掉这份工作，我要靠它养活自己!"（新的信念B），那么你感到的更多是担心（新的情绪C）而非生气。

从这个简单的例子中可以看出，人的情绪及行为反应与人们对事物的想法、看法有直接关系。在这些想法和看法背后，有着人们对一类事物的共同看法，这就是信念。合理的信念会引起人们对事物适当、适度的情绪和行为反应；而不合理的信念则相反，往往会导致不适当的情绪和行为反应。当人们坚持某些不合理的信念，长期处于不良的情绪状态之中时，最终将导致情绪障碍的产生。

韦斯勒经过归纳研究，总结出了不合理信念的几个特征：

（1）绝对化要求。是指人们以自己的意愿为出发点，对某一事物怀有认为其必定会发生或不会发生的信念，它通常与“必须”、“应该”这类字眼连在一起。比如：“我必须获得成功”，“别人必须很好地对待我”，“生活应该是很容易的”等。怀有这样信念的人极易陷入情绪困扰中，因为客观事物的发生、发展都有其规律，是不以人的意志为转移的。就某个具体的人来说，他不可能在每一件事情上都获得成功；而对于某个个体来说，他周围的人和事物的表现和发展也不可能以他的意志为转移。因此，当某些事物的发生与其对事物的绝对化要求相悖时，他们就会受不了，感到难以接受、难以适应并陷入情绪困扰。合理情绪疗法就是要帮助他们改变这种极端的思维方式，认识其绝对化要求的不合理、不现实性，帮助他们学会以合理的方法去看待自己周围的人与事物，以减少他们陷入情绪障碍的可能性。

（2）过分概括化。这是一种以偏概全、以一概十的不合理思维方式的表现。艾利斯曾说过，过分概括化是不合逻辑的，就好像以一本书的封面来判定其内容的好坏一样。过分概括化的一个方面是人们对其自身的不合理的评价。如当面对失败就是极坏的结果时，往往会认为自己“一无是处”、“一钱不值”，是“废物”等。以自己做的某一件事或某几件事的结果来评价自己整个人、评价自己作为人的价值，其结果常常会导致自责自罪、自卑自弃的心理及焦虑和抑郁情绪的产生。过分概括化的另一个方面是对他人的不合理评价，即别人稍有差错就认为他很坏、一无是处等，这会导致一味地责备他人，以致产生敌意和愤怒等情绪。按照艾利斯的观点来看，以一件事的成败来评价整个人，这无异于一种理智上的法西斯主义。他认为一个人的价值就在于他具有人性，因此他主张不要去评价整体的人，而应代之以评价人的行为和表现。这也正是合理情绪治疗所强调的要点之一。因为在这个世界上，没有一个人可以达到完美无缺的境地，所以每个人都应接受自己和他人是有可能犯错误的。

(3) 糟糕至极。这是一种认为如果一件不好的事发生了，将是非常可怕、非常糟糕，甚至是一场灾难的想法。这将导致个体陷入极端不良的情绪体验如耻辱、自责、自罪、焦虑、悲观、抑郁的恶性循环之中而难以自拔。糟糕就是不好、坏事了的意思。当一个人讲什么事情都糟透了、糟极了的时候，对他来说往往意味着碰到的是最最坏的事情，是一种灭顶之灾。艾利斯指出这是一种不合理的信念，因为对任何一件事情来说，都有可能发生比之更好的情形，没有任何一件事情可以定义为百分之百糟透了的。当一个人沿着这条思路想下去，认为遇到了百分之百的糟糕的事或比百分之百还糟的事情时，他就是把自己引向了极端的不良情绪状态之中。糟糕至极常常是与人们对自己、对他人及对周围环境的绝对化要求相联系而出现的，即在人们的绝对化要求中认为的“必须”和“应该”的事情并非像他们所想的那样发生时，他们就会感到无法接受这种现实，因而就会走向极端，认为事情已经糟到了极点。

当我们用合理的思维方式代替不合理的思维方式，以合理的信念代替不合理的信念，就能最大限度地减少不合理的信念给情绪带来的不良影响。以改变认知为主的治疗方式来帮助来访者减少或消除他们已有的情绪障碍，已经成为全世界最广泛应用的心理疗法之一，并且帮助亿万人改善了他们的生活。

疑病症患者总是担心自己有这样、那样的疾病，虽然这些疾病并不存在，只是疑病症患者的假想，但是真实的身体疾病感受，导致疑病型心理障碍仍然困扰着患者。从心理认知方面讲，疑病症的产生在很大程度上是由不合理信念导致的。

一项针对艾滋病疑病症患者的研究发现，此类患者大多数在有高危行为的同时，对 HIV/AIDS 知识理解得不够充分，使得恐怖症状更加明朗化。通过矫正患者对 HIV/AIDS 相关知识歪曲的观念，促使患者对 HIV/AIDS 相关知识有一个全面而正确的认识，应反复向患者讲解，使患者真正认识到其自我评价的恰当性，领悟到这种不恰当的自我评价和艾滋病相关知识的错误理解是产生症状的主要原因，督促患者纠正自己错误的、不恰当的认知，正确认识疾病的本质，不是什么躯体疾病，而是一种心理障碍，并正确对待自己和周围的人等一系列认知疗法后，发现患者的症状逐渐消失而达到心理治愈。

疑病症患者的不合理信念首先表现为思维狭窄偏激，尤其是对疾病知识的了解比较偏激，在这种情况下就产生了面对疾病心理的“走偏”，造成了不是“黑”就是“白”——“健康”与“不健康”的极端看法。其次，疑病症患者思想是固执和被动的，他不会去客观地看待这些心理问题，只把一切归咎于疾病，丝毫不考虑其原因与更好的解决方式。因此通过找出 A 和 C，进而找出 B，然后与不合理的信念进行辩论和合理的自我分析，常常可以很好地帮助疑病症患者改变认知，从而改变症状，例如可以问问自己以下问题：

（1）我的身体症状真实出现了吗？

（2）有什么证据证明我的身体出现了问题？

（3）有什么证据证明这个信念是错误的？

（4）假如我没能做到自己认为必须要做到的事情，可能产生的最坏的结果是什么？

（5）假如我没能做到自己认为必须要做到的事情，可能产生的最好的结果是什么？

这种认知疗法的目的就是要使患者对自己的性格、疾病状态有一个清晰而又明确的认识。通过认知疗法使患者不断纠正自己的不良行为和思维方式，带病坚持工作、生活，用自我的力量战胜自我；在新的生活体验中不断增强和领悟自我力量，增强战胜自我，战胜疾病，重建社会功能的信心和勇气。通过恰当而有效的心理治疗，解除患者的精神交互作用之禁锢。最终使疑病性症状消失，同时患者的人格也得到了较大的改善，不论是躯体、心理、社会功能等方面都得到了全面的康复。心理治疗的重点就是针对患者的心理弱点进行，目标是矫正患者的不良人格和不良思维、行为方式，使患者对自身疾病真正认识和了解，使患者能积极配合治疗和主动矫正自己的不良行为，树立良好的心态和战胜疾病的信心。通过恰当的心理治疗，不但能取得良好的临床效果，同时可以减少复发，大大提高患者的生存质量和社会活动能力。

四、顺其自然，森田疗法

【故事】

森田疗法的创始人，日本的森田正马小时侯由于家庭强迫学习导致“学校恐怖”，12岁时仍患夜尿症，16岁时患头痛病常常出现心跳过速，容易疲劳，总是担心自己的病是“神经衰弱症状”。在高中和大学初期，他经常神经衰弱，东京大学内科诊断为神经衰弱和脚气病，经常服药治疗。大学一年级时，父母因农忙，两个月忘记了给森田寄生活费。森田误以为是父母不支持他上学，感到很气愤，甚至想到当着父母的面自杀，他暗下决心，豁出去拼命地学习，要学出个样子来让家里人看看。在这期间他什么药都不吃了，放弃一切治疗，不顾一切地拼命学习，考完试后，取得了意想不到的好成绩。同时，不知什么时候，神经衰弱和脚气病等症状不知不觉地消失了。

正是基于这样的痛苦体验，加上多年来对神经质者的观察，森田把这些观察和自己的体验相对照，阅读国内外文献，将当时认为较有效的治疗神经症的各种治疗方法一一进行实践验证，最后形成了森田疗法，包括：安静疗法、作业疗法、说理疗法、生活疗法等，取其有效成分合理组合。

森田认为神经衰弱不是真的衰弱，而是假想的主观臆断，神经质者本能上是有很强的生存欲望的，是努力主义者，所以“放弃治疗的心态”对神经质具有治疗作用。神经症患者原本无任何身心异常，只是因为他们存在疑病素质，常把某种原本正常的感觉看成是异常的，把一般人在某些场合可能产生的感觉，如过度用脑时的头昏、紧张时的心慌等，误认为是“病”而焦虑恐惧。注意力越是集中在这些“症状”上，越想排斥和控制这种感觉，越容易造成注意和感觉相互加强的作用，即形成精神交互作用。这是一种恶性循环，是形成症状并使之继续的主要原因。有疑病素质的人是“完美主义者”，他们往往在欲求与现实之间，在“理应如此”和“事已如此”之间形成矛盾，并力图解决这些现实无法解决的矛盾，对客观现实采取强求的态度，促使症状越来越重。

森田疗法主张“症状不是病”，而是重视现实生活，在现实生活中去获得体验性认识。学会接受症状，顿悟症状与人格特征的关系，使自己的注意力不再固着在症状之上，从而启发病人“从现在开始”，“让现实充满活力”，“回到现实生活中去追求健康的生活”。森田疗法认为这点是正常人都有的欲望，正由于这种精神活动，人类才能健康地生活，具有疑病素质的人求生欲望强烈，内省力也强，而自己又不能建设性地利用，由于某种契机，把用于学习和工作的精神活动指向自己的健康及生命安全，把自己心身的变化体验为病态，并为之担心，越担心就越把注意力集中在这些不适感觉上，这些不适就越加明显，形成恶性循环。

（一）森田疗法的核心就是“顺其自然”与“为所当为”

1. 顺其自然

就是一边老老实实地接受症状不予抵抗，一边带着症状从事正常的工作和学习，对躯体和心理症状不加排斥和压抑。要正确地理解“顺其自然”，首先我们要弄明白什么是“自然”。我们知道“自然规律”，比如白天与黑夜的轮回、天气有晴也有雨，这些都是大自然的规律，它是不能人为控制的，我们人类必须遵循、接受这些规律，否则，违背了“自然规律”，结果肯定是自讨苦吃。而我们人本身也是存在一定的自然规律的，比如情绪，它就是我们不能人为控制的，它本身有一套从发生到消退的程序。你接受它，遵循它，它很快就会走完自己的程序而结束，反之则不然。

比如，你马上要参加一个重要的考试，这时你感到焦虑、紧张，其实这是非常正常的心理反应，如果你不去管你的情绪，它很快就会消失或者转化为你努力复习的动力，而倘若你认为自己不应该出现紧张焦虑，那么你就违背了情绪的自然规律，焦虑、紧张就会越来越严重。

又比如说一个社交恐怖症患者，性格内向，和陌生人说话时感到紧张和不自在。他觉得不应该如此，非要在陌生人面前故意表现得不紧张，其结果是越来越紧张，以至于到后来看到熟人也紧张。之所以会出现这种症状，其原因是违背他自己的“自然规律”。他的性格是内向的，而内向的人的特点就是腼腆和害羞，和陌生人谈话，肯定会出现紧张、不自在的心理反应。而自己却不接受自己的“自然规律”，和“自然规律”对抗，结果必然会如此。

人本身还有一个自然的现象——古怪的、可怕的、肮脏的、无聊的念头是必然会出现的，在这里我们暂且把它称作“杂念”，而杂念也和情绪一样，它也有自己的一套从发生到消失的过程。倘若你接受它存在，并知道它是毫无意义的“杂念”，不理会它，那么它将不会影响你，很快就消失了。反之，你去注意它，试图控制它，赶跑它，去和它辩论，那么你就会被它束缚。

例如一个品学兼优的学生，上课的时候，他的头脑里突然出现了一个杂念——我要把老师杀了。这个念头使他非常的害怕，他觉得自己不应该出现这样的念头，他觉得自己太可怕了，所以就不停地自责，想为什么自己会出现这样的想法，从而对这一念头形成了强迫。这个学生之所以会出现这个念头，原因其实很简单，就是因为这位老师平时对学习要求非常严格，以至于给学生造成了很大的心理压力。这个念头的出现其实就是这个学生的潜意识对压力的一种发泄。在这里，让学生本身明白其潜意识过程是不太现实的，但倘若这个学生事前就明白杂念是必然会出现的道理，那么他有可能就不会那么在意这个杂念了，从而避免强迫观念的形成。

那么怎么样才是正确的“顺其自然”呢？其实也很简单，那就是在认识的“自然”的前提上，不去在意那些有“自然规律”的情绪或杂念。举一个形象的比喻，比如我们把平静的湖水比作是我们的思想，而把向湖水里投石所引起的涟漪比喻成影响我们的情绪或杂念。那么你说我们要怎么样才能制止涟漪不断地产生呢？是继续向湖水投石头还是根本不用去管它能制止涟漪呢？答案当然是不再投石，根本不去管它。这根本就不用去管它就是“顺其自然”。要顺其自然必须做到：

（1）要认识情绪活动的规律，接受不安、焦虑等令人厌恶的情绪。

（2）要认清精神活动的规律，接受自身可能出现的各种想法和观念。

（3）要认清症状形成和发展的规律，接受症状。

（4）要认清主客观之间的关系，接受事物的客观规律。

由于顺其自然，对自己的症状采取接受态度，一方面不再强化对症状的主观感觉，另一方面不再排斥这种感觉，而逐渐使自己的注意力不再固着在症状之上，使症状得以减轻直至消失。

2. 为所当为

就是说，你在“顺其自然”的同时，得把自己的注意力放在客观的现实中，该工作就去做工作，该学习就去学习，该聊天就去聊天，做自己应该去做的事情。当然也许刚开始的时候，那些困惑你的观念、杂念仍旧让你感到痛苦，但只要你相信它们是迟早会自然地消失的，并努力地去做好现实生活中你该做的事情。那么，那些杂念、情绪就会在你认真做事的过程中不知不觉地消失了。

与人相关的事物分为可控制的事物和不可控制的事物。前者是指个人通过自己的主观意志可以调控改变的事物；后者是指个人主观意志不能控制的事物。森田疗法要求学习顺其自然的态度，不去控制不可控制之事，如人的情感；但还是注意要为所当为，即控制那些可以控制之事，如人的行动。“为所当为”就是指在顺其自然的思想指导下的积极行动，是对顺其自然治疗原则的充实。要点是：

（1）忍受痛苦，为所当为。

尽管症状痛苦也要接受，去做应该做的事情，把注意力及能量投向自己生活中有确定意义并能见成效的事情上，努力做应做之事。

（2）面对现实，陶冶性情。

神经症患者的心理冲突，往往停留在自己的主观世界之中，他们对引起自己恐惧不安的事物想了又想，斗了又斗，但在实际生活中，对引起其痛苦的事物采取了一种逃避和敷衍的态度。事实上，实际行动才是提高对现实生活的适应能力的最直接化解病症的催化剂。在实际生活中将精神能量引向外部，就要注意所做的事情，这就减少了指向自己心身内部的精神能量。而与外部世界的实际接触，又有助于患者认识自身症状的主观虚构性。

“顺其自然，为所当为”是森田疗法的精髓所在，顺应自然不是消极无为的态度，不是无所作为；顺应自然，是一种积极的拓展技术，是面对现实，是改变自我；顺应自然，接受那些不可改变的，不必有无奈之心；顺其自然，改变那些可以改变的，不必有畏惧之心。为所当为即为了实现你所确定的目的（具体的学习工作的目标），努力去做你当时应该做的事情，去完成有积极意义的行动。不管在怎样的情绪背景下，你该思考什么、该怎样思考、该动手做什么、该怎样做等，这一切都是可以由你的意志（意识）直接指挥完成的。人在精神专注时，是无暇同时顾及两件事的，在你宽容地接受症状感觉不再为其痛苦，并不断调整自己专注于完成当前积极的行为时，症状和烦恼的信号就会通过相应的植物神经系统的作用，自动地、渐渐地退出你的意识领域，那么，你就不再有对症状的体验和感觉了。

【相关研究】

越想忘的越忘不掉

据解放网新闻晚报报道，记忆的确是神奇的东西，人们要么忘却了不该忘的事情，要么是想抛开的回忆却无论如何也摆脱不掉。《实验社会心理学杂志》（Journal of Experimental Social Psychology）发表的一项最新研究，为“越想忘的越忘不掉”找到了科学的解释。

领导该项研究的是美国北卡罗莱纳大学的心理学家 Keith Payne。他说，主动忘却是一种适应性表现。比如，人们常常要忘掉错误的认识、朋友的旧电话号码或者更改之前的会议时间。主动忘却有助于大脑的记忆存储系统更新信息。不过，Payne 和同事在实验中发现，即使是轻微而温和的情感记忆事件，比如考试分数不理想或者在工作中受到批评，都是很难被忘记的。

相比普通的内容，实验中那些调动了 218 名参与者情绪因素的照片内容更加不容易被刻意忘却。此外，令人愉快和令人不悦的情绪记忆同样具有这种抵抗力。

Payne 认为，人们要刻意忘却一件事情的前提条件就是要从精神上和与事件相关的信息完全隔离开来。然而，记忆中的情感因素往往会破坏这一过程。他说：“人们的情绪记忆在形成时，与自身生活的许多部分都发生了关联，因此要隔离它们很难。一旦人们要刻意忘却这些记忆，情感因素就会使它突显出来，因而更加难忘。”

不过，Payne 强调，这一结果并不意味着情绪记忆永远不会被主动忘却。只要遗忘的动机足够强烈，人们完全可以超越情感因素的影响。

（二）森田疗法的实践

1. 森田疗法的一般程序

第一阶段，时间大概一周，主要回顾生病前个人情况，总结自己认为有关的病因，找出自己最苦恼和烦闷的事由，尽量写出书面认识。这一阶段的治疗目标是为了让参与者保持安静，解除身心疲劳，并能够正视苦恼，面对现实。

第二阶段，时间大概四周，这一阶段也叫轻作业期。主要把自己病前最擅长做的事情选出2~3种，每天坚持做1个小时左右，如唱歌、书画、棋类等文艺活动，球类运动、花草种植、读书报刊等文化活动，尽量坚持写日记。在行动中遵守“三不原则”，即对待症状“不害怕、不排除、不对抗”。体会“与症状共存，任其存在，为所当为”的真谛，承担自己生活中应承担的责任，修正不良的生活方式，重在使其以主动的、顺其自然的生活态度去实践和体验生活，在行动和生活体验的过程中得以自我实现，让参与者培养对生活的自信心和自主性，使其注意力转向作业（现实生活），使其从“情绪本位”的状态转向“目的本位”的生活方式上来。

第三阶段，时间大概四周，这一阶段也叫重作业期。基本活动与第二阶段相同，但增加每天活动量至1.5~2个小时，增加主动与人交谈、听看新闻等社会活动，进行编织、烹饪、制瓷等手工作业。这一阶段的治疗目标是为了让参与者培养作业的持久性和忍耐力，反复体验成功的喜悦心情。

第四阶段，时间大概三周，这一阶段主要是社会康复、适应能力训练，持续第三阶段的作业内容并延长时间，制订今后生活及工作计划，并试行1个月以上，以便让参与者能够适应社会环境，培养顺其自然的生活态度，实现目的本位的行为目标。

2. 森田疗法的自我实践

（1）体力劳动。

体力劳动是森田疗法实践的钥匙，从寝室或家庭卫生做起，做每天力所能及的劳动。体力劳动是最有效的实践方法，它要比脑力劳动更有效果。

(2) 应该做的事。

做应该做的事是实践的定位，坚持日常的工作和学习，无论自己的心情如何，这是森田疗法的最关键措施。但是，如果为了锻炼自己去做与自己意愿相反的事则不是为所当为的真正意义了。

(3) 不断地干点什么。

每天要不断地干点什么是实践的强度，要减少睡眠时间尤其是尽量不在白天睡觉，白天要不断地干点什么。

(4) 禁止消愁解闷的活动。

禁止消愁解闷的各种活动，消愁解闷的活动不等于娱乐、运动等活动，前者是为了消除某种情绪所进行的，那样做只不过是精神上的一种暂时性的转换，时过境迁，立即就会重新恢复原状；后者是自然的需要，倘能经常正面地面对苦恼，把苦恼切实看作苦恼来接受它，这样一来，苦恼本身终于被绝对孤立起来，自己再也无法对它感受和评价了，苦恼的感受也就没有了。

(5) 对症状要采取忍受的态度，带着症状坚持实践。

对待症状要不过问、不测试、不拘泥，尽可能不要再谈自己的病情。如果遇到症状缠绕的情况可采取所谓不问疗法，装作不知，听之任之；制止自己测试症状是否好转，情绪是否变好，要听其自然地对待病情；如果感觉“头轻快了，精神爽快了”等时，应当注意这只不过是一种自我感觉，从疾病的角度来看，它和痛苦是同一的东西，爽快之后，作为一种相反的动态往往会出现不愉快，到了完全摆脱愉快与不愉快的感觉之后才是真正恢复了健康。

(6) 阅读森田疗法书籍。

在实践一周后开始每天晚上睡前抽出半小时左右阅读森田疗法的书籍，请用体会的态度去读。若想详细了解有关森田理论方面的内容，可以阅读书籍，如《行动改变性格》、《森田疗法与实践》。

（7）切莫拘泥于理论。

在治疗过程中切莫拘泥，把自己的情况机械地与理论对照，勉强用来矫正自己，但愿能顺应自然，逐渐领会某种体验，在此基础上才能形成正确的理论。

森田疗法的实践以一个月为一个疗程，也就是说，只有实践到一个月的时候才可能有一定的体验，总的实践时间短则三个月，长则半年。

五、转移注意力，寻找新的兴奋点

【故事】

清代名医叶天士，曾经遇到过一个红眼病人，患者为此终日忧心忡忡。

叶天士仔细诊断后对病人说："你的眼病要治好，只需吃上几副药就行了。但你的脚七天后会长出毒疮，弄不好可能有生命危险。"那人一听，大惊失色，赶忙请叶天士介绍防治毒疮的方法。叶天士要他连续按摩脚底七天。

病人照办了，果然脚上没有长出毒疮，红眼病也好了。后来当病人前去道谢时，叶天士笑着说："老实告诉你，脚底下要生出毒疮是假的。我见你得了红眼病忧虑万分，而这种病恰恰与精神忧郁有关，不祛除你的心病，眼病就治不好，叫你按摩脚底是分散你的注意力，因而你的眼病也就好了。"

【故事】

清朝有一官员，年老失宠，心情抑郁，整日闷闷不乐，不思饮食，失眠多梦，身体消瘦。就医诊治，服药无效，以为患了重病，更加惶恐不安。后来前往叶医师处求医，叶医师按脉良久，察言观色，详问病史，在处方上写下"冲任失调"四字。患者觉得可笑：堂堂名医竟如此糊涂，他一个男人，如何"月经不调"。后一想到这个诊断处方，就忍不住大笑一阵。其后心情逐渐开朗，饮食睡眠好转。一天他特意去见叶医生，想指出叶医生的疏忽。叶医生高兴地对患者说："你的病已经基本上好了。你实际上已经服了我的药，只是你不知不觉罢了。"

当一种痛苦的感受产生时，我们就可以坐下来，或躺下来，感受自己身体，将注意力放在身体的某个部位，从这个部位开始感受，然后一点点地移动注意力，感受整个身体。如果某个部位的感受很强烈，尤其是难受的感觉很强烈，那么应该把注意力放在那里一段时间。一般而言，将注意力在这些难受的部位多停留一会儿，转化就会发生，这些部位会开始发热。

不仅如此，我们也会观看脑海中出现的画面和想法。很重要的一点是，不管是感受、画面还是想法，尽可能不做任何努力，不做任何引导，而是把自己交出去，让这些感受、画面和想法自然发展变化。这个过程中可能会有很多有趣的发现。

所以转移自己的注意力，不把注意力放在疾病本身，才能更轻松地面对。多做这样的练习，你的觉察力会越来越敏锐，你会发现，你的思维是何等疯狂，而思维又是如何利用你的恐惧而控制了你，令你对哪怕一丁点的痛苦都无比惧怕。

【案例】

王女士，38岁，某化纤公司工人。近几周感觉胃部不舒服，开始时未在意，偶从邻居的闲谈中得知近段时间患胃癌死去的人很多，于是就很害怕自己得了胃癌。翻了好多的医学书，都无所获。看到其中一本书上写着气滞容易造成癌症，以后她就害怕胀气。听说口水能引起胀气，就怕咽口水。越怕咽，心里就越紧张，就把牙咬紧想少出口水，口水反而越多。整天没别的事，就想着咽口水，精神极度紧张、恐惧。王女士自述：“每天都摸到肚子胀，右边身子重。”为此她做了无数次检查，喝了无数服汤药，还觉得肚子胀。

王女士是典型的疑病症患者。人到中年，偶尔胃部不适，又得知很多人患胃癌死去，就会很注意自己的身体状况。而越注意就越担心是否患了胃癌，造成了一种无形的心理压力，造成精神紧张，以至于忧心忡忡、草木皆兵。而经常处于这种心理状态，必然影响生理机能，进一步造成身体不适，进而更怀疑是患了胃癌。

王女士首先向有关专家咨询了关于胃癌方面的知识，明确自己并非得了某种奇怪的病症，而是由心理问题引起的状态；然后，她进行放松训练法调整情绪，不去理会身体的不适反应，把一天的工作安排得紧紧的，通过对工作的投入转移注意力，达到从外而内调整自己的身心，做到顺其自然。同时她还安排丰富多彩的活动，比如出外郊游，与朋友同事开展一些娱乐性的活动，或去看电影、健身等。不久，她就感觉身体好多了。三个月后，她告诉医生从来没有像现在这样轻松过，感觉什么病都没有了。

弗兰克尔说过："我们经历的任何事情，将来还会成为我们的一笔财富。"

疑病症多源自对疾病的恐惧，弗洛伊德说过："每一种恐惧最终都是对死亡的恐惧。"所以，一切心理疾病都有同一个源头，就是对死亡的恐惧。正因为对死亡充满了恐惧，所以才会产生神经症，如果一个人连死都不怕了，那他还怎么可能会得神经症呢？

而解决"死的恐惧"就应该激发"生的欲望"，这两者都是人的本能，是同一事物的两个方面。神经症的人是将自己的视线投向"死的恐惧"并执著于它，最后使自己掉入了神经症的陷阱，所以要想远离疑病症这种神经症就应该将目光投向"生的欲望"。

很多神经症患者经常有"人为什么活着"的想法，因为他们怕死，所以否定了生的意义。为什么还要活着呢？人生的真正意义是什么？这是一个对于大多数人来说永远没有确定答案的问题。而每个人在不同的时期，不同的年龄段对这个问题也会有着不同的答案。其实这个问题的正确答案只有一个，其余的都是错误的，那就是属于每个人自己的人生意义，一个人如果真正找到了这个问题的正确答案，那么他的神经症问题就得到了彻底的解决。神经症的注意力都投向了“死的恐惧”，现在将方向逆转过来，投向本能的另一面“生的欲望”就可以成为健康人。神经症患者由于“生的欲望”受到强烈的、残忍的制压，导致注意力由外部投向内部，这也是导致神经症的根本原因。如果一个人对死的恐怖非常强烈的话，他必定具有同样强烈的生的欲望；同理，如果生的欲望非常强烈，势必死的恐惧也同样强烈，就和物理学中的“作用力与反作用力”是一个道理，有执著于“生的欲望”的“健康人”，也必定有执著于“死的恐惧”的“神经症”。

现在，最核心的问题就是，如何将注意力由“死的恐惧”转向“生的欲望”？

首先，重新认识生与死。出生与死亡本来就是自然的一部分，是一种自然现象。

其次，坦然接受一切。人们趋向快乐而逃避痛苦，可逃避是摆脱不了的，但如果坦然接受一切，并积极趋向快乐，那么快乐就会最大化，而痛苦则会最小化。

最后，发挥选择的权利。我们每个人的当下都有两个选择，一是愉快地度过，一是悲伤地度过。思考一下：

(1) 你有过愉快的感受吗？那是什么时候？你认为当时自己做了什么才感觉这么愉快？

(2) 是不是找到了自己可以愉快的力量？

即使现在你仍然没有回想起愉快瞬间，或者仍然觉得悲伤难以抵挡，那么可以接下来思考这个问题：

(1) 如果发生了奇迹，拿走了你所有的悲伤，你会通过什么线索发现这个奇迹？

(2) 是不是发现悲伤并非不可消除？

所以，我们接下来这一步，就可以好好规划自己的行动方案。

(3) 如果用 0 ~ 10 分来进行评价，现在是几分？这几分是如何做到的？如果要增加一分，你会怎么做？

（4）是不是体会到积累幸福的感觉了？

所有的问题其实都不是问题，它只是让我们更能了解自己的一种方式，让我们学习的一种契机。一切事情都能找到它的意义所在，我们往往并不是害怕问题本身，只是害怕自己无力应对而已。而事情真的无力应对吗？NO，我们只是偶尔会因为情绪蒙蔽自己的思维罢了。

六、满足需求，避免强化

在之前的原因分析中，我们已经了解了疑病症可能是由于心理需求未得到满足而产生的，因此合理满足疑病症患者的内心需求，也是缓解和消除疑病症的重要方式，所以对于亲朋好友而言，可以为疑病做些事情，包括：

（1）帮助建立自信。

自信心，是非常关键的。我们在做任何事情的时候，自信的影响都是显而易见的。什么是自信？自信就是觉得自己是能够依靠的，相信自己的能力足够胜任自己的任务，能够激发自身源源不断的动力。

作为疑病症患者的亲朋好友，首要的任务就是让他们相信，隧道的前方是有亮光的，这场战争的最终胜利属于自己。要知道疑病症患者，经过适当的治疗或者自我调整，最终都恢复了健康。一个人具有心理问题时，总会认为自己的问题是与众不同的。而实际上，无论一个人的心理具有多么的独特性，无论想法是多么的古怪，无论实际问题是多么具有个体性，他都不是独一无二的。现实中，有成千上万的人与他一样，也有成千上万一样的人靠着心理疏导的帮助走出了心理的困境。

（2）帮助恢复勇气。

疑病症是令人痛苦的，每个深陷其中的人都急于摆脱，然而面对这些问题导致的症状是需要巨大的勇气的，承认它是一种巨大的挑战；而改变同样是需要勇气和毅力的，所以亲朋好友应成为疑病症患者的同盟军，让他们有接受痛苦的准备并有去面对它的勇气。

因为疑病症的消除并不会一天两天说过去就过去的，它会有一个过程。即使你是一个能给自己当心理医生的高智商人物，这个过程也只能相对缩短，而不能一步跨过。在这方面绝不可有急躁情绪，越急，越适得其反。

（3）保持坦然心态。

对于这种本来就是由内心紧张造成的心理疾病，尤其要采取不紧张的态度。不怕，不对抗，同时多少采取一种我们说过的听之任之的态度，越松弛越好。禅宗讲过对于“妄心”如何对治，要采取不治而治的方法，也就是《金刚经》里所谓的“不降而降”。对于骚动的、不安静的心，硬降服反而降服不了；不理睬它，对它熟视无睹，视之若无，是最基本的态度。

美国心理学家斯金纳提出了一种以学习的强化原则为基础的理解人类行为的学说，叫强化理论。在斯金纳看来，人和动物并没有两样，在人的各种行为中，哪些行为会得以保持，哪些行为最终会消失，都取决于这些行为的后果，取决于人们做出这些行为之后是受到了奖励还是惩罚。他认为：人或动物为了达到某种目的，会采取一定的行为作用于环境，当这种行为的后果对他有利时，这种行为就会在以后重复出现；当行为产生的后果对他不利时，这种行为就减弱或消失。因此，培养人们的行为习惯只需要不断地应用奖励和惩罚来进行控制就足够了。在行为塑造过程中，实验者首先观察被试者的全部行为反应，然后对其中的部分行为反应进行奖励，忽视其中那些实验者不希望保留的行为反应，通过不断的奖励、强化而塑造出一种基本上是全新的行为模式。利用这种方式，斯金纳曾经成功地教会了鸽子打乒乓球，甚至还教会鸽子在一架玩具钢琴上弹一支曲子。

强化作用离不开强化物。所谓强化物（reinforcer）不一定是实物，也可以是行为、表情等。只要在某种行为之后，这种行为本身或者由它带来的后果可以刺激该行为的再次出现，就属于强化物。强化物在塑造人们的行为上有着极大作用。之前谈到孩子的疑病症产生与父母的过度关爱是有关联的，原因是孩子希望得到父母的关注和爱护，而生病的后果是可以更多地获得他们所需要的“结果”，于是疑病行为就这样“强化”下来，固化为疑病症。所以对于疑病症患者的家属来说，如何既做到关爱有加又避免产生强化，就需要家属保持一颗坦然心态，一方面理解接纳患者的行为反应，另一方面避免一惊一乍或过度反应。

（4）消除其他顾虑。

正是因为疑病症患者内心存在一个怕字，他丧失了一种安全感，所以亲朋好友很重要的一个任务就是提高他的安全感，通过陪伴、交流沟通都可以达到提升安全感的效果。而且人的精神疾病常常是三个层次的恶性循环：第一个恶性循环圈是心理疾病与人生事业之间。因为人生事业有压力承受不了，就有了神经症；反过来有了神经症，人生事业就会有更大问题，结果就陷在里边难以自拔。第二个恶性循环圈是生理和心理之间。因为疑病，身体这儿不舒服那儿不舒服；而因为这些不舒服，心里就更加确定得病了，这个恶性循环的力量也很大。第三个恶性循环圈就是几种神经症之间相互恶性循环，往往疑病症患者会兼有焦虑症、抑郁症等神经症倾向，而这些症状之间会相互产生影响。所以亲朋好友一定要帮助他们消除其他顾虑，以免产生恶性循环。

疑病现象是很典型的心理“症状”，但与其他心理问题不同的是，疑病总表现为一定的身体“症状”，而这种莫须有的身体症状却往往让人感觉极其真实鲜活，从而让人不得不关注，甚至再三检验来消除疑虑。尤其是在危机事件出现时，伴随着资讯高度发达的信息渠道，很容易出现误传、谣传，从而使人们因为出现恐惧情绪而失去理智，产生对自己身心健康过度关注，对身体某部位的敏感增加，对健康估计过坏等疑病心理。

疑病现象的产生有生理、心理和文化多方面的原因。从生理上来讲，大脑的神经递质和遗传易感素质都可能会引起疑病，而且青少年、中老年由于身体激素的变化也更容易产生疑病现象；从心理上来讲，个性敏感、多疑的人更容易产生对疾病的恐惧和焦虑，而导致疑病心理；从社会文化方面来讲，生活环境的刺激与变化、医生不恰当的言语、家庭教养方式乃至文化氛围都可能诱发疑病。

虽然疑病现象是一种非常态的现象，会让人难受，但它也有一定的积极意义。从精神分析角度来讲，内心的心理冲突产生外在的症状表现，而外在的症状表现能缓和内心的心理冲突，所以疑病现象也是一种心理的自我防御机制，能一定程度上保护我们的内心，避免出现更大的伤害，同时它也可能是我们心理需求的一种变相满足，尤其是在现代快节奏生活中，疑病现象更是提醒我们要注意对身体的呵护。

倘若你现在正饱受疑病的苦恼，不妨试试去解开心结，进行自我暗示，通过改变认知、转移注意力等方法，相信可以帮助你走出疑病困扰；最后，祝愿所有读者能做到正视疑病，保持积极的情绪和开阔的心胸，远离疑病。

参考文献

[1] 余金龙，邓河晃，邓慧琨．疑病症．广州：暨南大学出版社，2008.

[2] [加拿大] 戈登J. G. 艾西门森，史蒂芬·泰勒．不焦虑的健康生活．西安：陕西科学技术出版社，2011.

[3] Miller，L. Neuropsychological Concepts of Somatoform Disorders. International Journal of Psychiatry in Medicine，1984（14）：31-46.

[4] 张俊玲．疑病症的临床表现、病因及心理治疗方法．中国社区医师，2007，24.

[5] 唐安平，谭建辉．疑病症的概念及诊断．中原精神医学学刊，1998，1.

[6] 丙午．疑病症的诊断与治疗．心理世界，1999，2.

[7] 王永平．社会文化对疾病的影响．人人健康，1997，1.

[8] 张向葵，丛晓波．社会文化因素对心理健康问题的影响．心理与行为研究，2005，3（3）：229-233.

[9] 马素红，李飞．中国人心理疾病中的社会文化因素影响．消费导刊，2009，13.

[10] 黄希庭．人格心理学．杭州：浙江教育出版社，2002.

[11] 蔺盛清．疑病症：谁在“作怪”？大众卫生报，2007，7.

[12] 蒋双阳，张杨，张晓东，石修业．艾滋病疑病症病理心理及心理治疗效果分析．中国公共卫生管理，2011，4（27）.

[13] 邹旭辉．拯救心灵的出路——对心理症状的解读．http：//www.xlsdw.com/bbs/showtopic.asp？Topic_ ID=185&forum_ id=67&page=1.

[14] 曾子航．恋爱时不折腾，结婚后不动摇．北京：中信出版社，2011.

[15] Greeven A，van Balkom AJ，van der Leeden R，et al. Cognitive Behavioral Therapy versus Paroxetine in the Treatment of Hypochondriasis：an 18-month Naturalistic Follow-up. Journal of Behavior Therapy and Experimental Psychiatry，2009，40（3）：487-496.

[16] 郑华，马建东，梁岩，赵琳，赵哲堃．疑病性神经症患者个性特征分析．中国健康心理学，2007，7（15）：590-591.

[17] [美] 艾理斯．理情行为治疗——教育辅导系列．刘小菁，译．成都：四川大学出版社，2005.

[18] 郭克锋，王秉康，杨文清，等．认知与行为疗法在疑病性神经症治疗中的效果．中国临床康复，2002，6（19）：2854.

[19] 曾文星．文化与心理治疗．北京：北京医科大学出版社，2002.

[20] 孙隆基．中国文化的深层结构．南宁：广西师范大学出版社，2004.

[21] 李强，张朝辉，宋景贵，穆俊林．儿童时期父母教养方式对躯

体化障碍人格特征的影响. 中国实用神经疾病杂志，2011.
[22] 丁荣晶. 如何应对医源性心理障碍. http：//www. 365heart. com/show/79619. shtml.
[23] 柯云路. 走出你的心灵地狱：焦虑症患者. 重庆：重庆出版社，2007.
[24] 肖峰，疑病缘于心理需要. 家庭医学（新健康），2006.
[25] 罗光胜，刘心仁，石明林. 试论医科大学生疑病心理及其对策. 医学与社会，1998.
[26] 姜政，王丕龙. 医学生疑病心理分析. 医学教育探索，2005.
[27] 黄美珍，朱小英，吕美珍，兰胜作. 团体森田疗法对疑病症治疗的对照研究. 中国现代医生，2010.
[28] 马志国. 告别疑病症——让心灵走出“避难所”. 中国青年研究，2006，2.
[29] 郑华，马建东，梁岩，赵琳，赵哲堃. 疑病性神经症患者个性特征分析. 中国健康心理学，2007，7.
[30] 汪新建，吕小康. 躯体与心理疾病：躯体化问题的跨文化视角. 南京师大学报（社会科学版），2010，6.
[31] 陈立容. 躯体化及其意义的探讨. http：//www. psychspace. com/psych/viewnews-1194.
[32] 露易丝·海. 生命的重建. 海口：南海出版社，2011.
[33] 丁成标. 催眠与心理治疗. 武汉：武汉大学出版社，2005.

后　记

赵本山的小品《卖拐》是2001年春节联欢晚会中观众最喜爱的节目之一，小品揭示出了人们内心普遍存在的一个心结——疑病倾向。小品中范伟所饰演的角色听不得“晚期”、“严重”这样的字眼，心甘情愿“被忽悠”，在过分的关注与敏感作用下，终于发现了身体的不适，从一个正常人变成了“病人”……

在捧腹大笑之余，也给我们留下了深深的警醒。随着现代社会的发展，信息越来越多，人们的生活节奏越来越快，竞争越来越激烈，压力越来越大，也为疑病的滋生提供了沃土。所以疑病不仅仅让人容易受骗，更成为了影响生活质量的元凶。

我在长期从事心理健康教育和心理咨询工作中，也接触到很多被疑病困扰的人，通常分为两个极端：一个极端是不自知，并不知道自己到底出现了什么问题，不以为然，却又深受其害；另一个极端是自已知道出了问题，却并不知道如何处理，并因此变得忧心忡忡、紧张万分。然而在众多的心理调节类书籍中，关于疑病症的却不多见。

非常感谢武汉大学丁成标教授和武汉大学出版社夏敏玲编辑的邀稿，让我有幸可以把对疑病的一些拙见与大家分享，也希望通过对疑病的表现以及诊断标准的描述，可以辅助大家更好地进行自我诊断；更希望通过对疑病的原因和意义分析，让大家能够更客观、更平和地面对疑病；最后希望通过对疑病的防护和心理治疗方法的介绍，帮助大家远离或走出疑病的困扰。

在此，还要再次感谢丁成标教授、夏敏玲和郭倩编辑以及我的同事们，在写作的三年期间，从初步构思到大纲拟定，从案例选择到解释分析，以及对前后数十版书稿的认真审阅，他们提出了很多富有建设性的修改意见，不断激发我的思考，并充实了我对疑病的认识和理解；感谢研究疑病症的诸位先驱和大师，在他们的研究基础上，让我更全面地了解疑病症的症状与成因；此外，还要感谢我的来访者和学生，在他们与我分享和探讨的过程中，我更深刻地理解疑病症的诊断及其意义；最后，我还要感谢我的家人，感谢父母们给予我生活的照顾和打理，老公给予我的鼓励以及贴心的排忧解难，孩子们的乖巧可爱，以及表弟潘峰、好朋友李煜文、傅春燕在工作之余帮我字斟句酌地进行文字修改，从而让我可以更加安心和顺利地完成书稿的写作工作。

当然，本书中还存在一些纰漏和不足的地方，也恳请读者不吝赐教。

2013 年 12 月于重庆